Bodo Dringenberg

Kein Besonderer

Bodo Dringenberg

Kein Besonderer

Das zu kurze Leben des Heinrich Börner

Romanbiografie

zu Klampen!
Literanover

zuklampen.de

Umschlaggestaltung: Stefan Hilden · München · hildendesign.de
unter Verwendung mehrerer Motive von Shutterstock
Hinweis: Die Fotografie auf dem Cover zeigt nicht Heinrich Börner.
Satz: Germano Wallmann · Gronau · geisterwort.de
Druck: CPI – Clausen & Bosse · Leck · cpi-print.de

ISBN-Printausgabe 978-3-86674-992-4
ISBN E-Book-PDF 978-3-98737-367-1
ISBN E-Book-Epub 978-3-98737-366-4

Bibliografische Information der Deutschen Nationalbibliothek
Die Deutsche Nationalbibliothek verzeichnet diese Publikation
in der Deutschen Nationalbibliografie; detaillierte bibliografische Daten
sind im Internet über ‹http://dnb.dnb.de› abrufbar.

FSC www.fsc.org MIX Papier aus verantwortungsvollen Quellen FSC® C083411
Klimaneutral firstclimate 2021

meinem Bruder Joachim gewidmet

Inhalt

Salve

Gleich nach dem Wecken in Hannovers Wehrmachtsuntersuchungsgefängnis am Waterlooplatz 16 wird dem bereits angekleideten Kanonier Heinrich Börner vom Wachhabenden befohlen, die Uniform wieder abzulegen. »Du verdienst es nicht, im Ehrenkleid eines Soldaten zu sterben. Zieh das an, und zwar dalli, dalli!«, bellt der junge Unteroffizier. Heinrich entledigt sich achselzuckend seiner körperwarmen Kleidung bis zur grauen Unterwäsche, zieht stattdessen einen muffigen Drillichanzug an, über den er sich wegen der Morgenkälte einen kragenlosen, abgeschabten Lodenmantel überhängen darf. Gegen sechs Uhr wird er vom Wachhabenden aus der Zelle geholt, an der Schreibstube vorbei in einen kahlen Raum geführt, wo schon ein Major mit aufgeschwemmtem Gesicht und der evangelische Pfarrer auf ihn warten. Es ist der 13. April 1940.

Zwei Soldaten und der Offizier führen ihn zu einem Wehrmachtslastwagen mit teils geschlossener Plane. Ihnen folgt der Pastor, mit dem er bis nach Mitternacht gesprochen und gestritten hat. Er will mitfahren, den Delinquenten nicht allein lassen. Nachdem Heinrich zustimmend genickt hat, wird er an den Füßen locker, an den Händen eng gefesselt und anschließend von Wachsoldaten hoch auf den LKW gehievt. Zwei andere Uniformierte stehen schon oben und packen ihn zwischen sich auf die Pritsche.

Ihm gegenüber nimmt der Geistliche Platz, betet nicht, redet nicht auf ihn ein, schaut ihn nur an und nickt manchmal wie aufmunternd. Diese Zurückhaltung erleichtert

Heinrich ein wenig. Als der Motor anspringt, wird eilig noch etwas Verhülltes auf die Lastwagenplattform geschoben. Als dabei die darüber liegende Decke verrutscht, kommt die Ecke eines roh gezimmerten Kastens zum Vorschein. Hastig ziehen die beiden Wachen den Stoff wieder über das Holz, setzen sich dann sofort wieder neben Heinrich. Sie sagen nichts, aber wenden die Köpfe von ihm ab. Einer schaut stur nach vorn in Richtung Fahrerkabine, der andere wie abwesend nach oben, während der Pastor die Stirne kraust und missbilligend den Kopf schüttelt. Trotz der nächtlichen Mahlzeit bekommt Heinrich einen hohlen Bauch.

Nach einer knappen Viertelstunde rollen sie mit dem LKW durch die Vahrenwalder Straße und kommen an der Kriegsschule Hannover vorbei. Durch einen Schlitz in der flatternden Plane über der Ladefläche sieht Heinrich für einen Moment die beiden den Kaserneneingang flankierenden Vierkantsäulen, auf denen wie für ewig je ein steinerner Adler thront. Vorbei, gleich sind sie am Ziel. Am Rand des Brachgeländes der Kugelfangtrift in der Garnisonsschießanlage Vahrenwald, Maschinengewehrstand 8, finden die Hinrichtungen statt. Da das vor den Soldaten nicht ganz geheim zu halten ist, kursiert der Ort auch als Teil scherzhaft gemeinter Drohungen untereinander.

Der LKW hält an. Sie haben den Schießstand erreicht. Vier Soldaten holen den Gefesselten von der Ladefläche des Fahrzeugs herunter und tragen ihn einige Meter. Von Nordosten vernimmt Heinrich ein fernes Muhen, in der nahen Kugelfangtrift keckert aufgeregt eine Amsel. Heinrich erblickt vor sich einen dicken, dunkelbraunen Pfahl, etwa einen halben Kopf größer als er, der in den Erdboden eingelassen ist. Der Pfahl sieht frisch gestrichen aus und riecht nach Holzschutzmittel.

Am Pfahl werden ihm kurz die Handfesseln gelöst, doch sofort seine Hände hinter das Holz gedrückt und dort erneut gebunden. Jetzt wird es schlagartig hell, die Sonne schiebt sich zwischen zwei Wolkenhaufen hindurch. Heinrich dreht den Kopf nach links unten, bemerkt aus dem Augenwinkel die Stirnseite des abseits stehenden Holzsargs.

Als er den Kopf hebt und die Augen nach vorn richtet, sieht er, dass ihm schon zehn Soldaten gegenüberstehen, ganz feierlich im Dienstanzug mit Koppel, Stiefel, Stahlhelm und geschultertem Gewehr.

Nur einige Schritte weiter rechts bemerkt er noch weitere Soldaten, ebenfalls in Linie angetreten, aber ohne Schusswaffen. Es sind die hinzu kommandierten Zuschauer, weiß er, damit sie davon abgeschreckt werden, sich ihrem Dienst zu entziehen.

Die Zehn vor ihm mit den Karabinern stehen näher, als er sich das gedacht hat. Das sind nicht einmal fünf Meter. Da schießt wohl keiner vorbei. Auch gut. Geht schnell.

Der Major liest ihm mit tonloser, fast gelangweilter, aber etwas lispelnder Stimme noch einmal laut das Urteil vor. Auf das »Augen verbinden?« des Majors nickt Heinrich nur. Es geschieht und ihm wird dunkel. Plötzlich steht der Geistliche neben ihm und raunt etwas von Gottes Gnade in Heinrichs Schwärze hinein. »Still gestanden!«, bellt der Major. Kurze Pause, bis: »Gewehr ab!« Nach den typischen leisen Klappergeräuschen herrscht drei Atemzüge lang fast Stille, nur ferne Krähenrufe und leises Rascheln des zur Seite eilenden Pfarrers nimmt Heinrich noch wahr.

Während er noch hört: »Entsichern – anlegen – Feuer!«, gleiten Stines leicht geöffnete Lippen, der sommerliche Leinekanal, seine lächelnde Mutter in seiner Erinnerung übereinander. Es schlägt mehrfach hart in seine Brust ein, er krümmt sich, keucht, schmeckt Blut, riecht Modriges, fühlt brüllenden Schmerz. Dass sein Kopf auf die Brust sinkt, merkt er nicht mehr.

Kochstraße

Heinrich Friedrich Wilhelm Engelhardt wurde am 1. März 1919 in der Entbindungsanstalt in Linden bei Hannover zur Welt gebracht. Im Sternzeichen Fische, betonte seine Mutter scherzend gegenüber anderen, denen auffiel, dass Heinrich geradezu vernarrt war, sich im und am Wasser zu bewegen. Seine Mutter war die Magd Erna Frida Lina Engelhardt, geboren am 18. Dezember 1896 in Linden bei Hannover. Nach der Volksschule war sie als Magd zu einem Bauernhof in Everloh hinter dem Benther Berg geschickt worden, weil ihre besorgten Eltern nicht wollten, dass ihre ansehnliche Tochter im aufstrebenden Industrieort in schlechte, proletarische Gesellschaft kam.

Bei der Geburt ihres Sohns, sie war 23 Jahre alt, hatte ihr Dr. Liepmann geholfen, der ihr auch später bei Heinrichs Kinderkrankheiten jederzeit zur Seite stand. Vielleicht war er auch ein bisschen verliebt in die hübsche junge Mutter, der er berufsbedingt so nahe gekommen war. Heinrich kam als uneheliches Kind auf die Welt, daher trug er den Nachnamen der Mutter, Engelhardt. Den Namen seines leiblichen Vaters, des verheirateten Bauern aus Everloh, gab seine Mutter nie öffentlich preis. Vor ihrer sichtbaren Schwangerschaft hatte Lina, wie seine Mutter allgemein genannt wurde, mit Einwilligung des Bauern gekündigt und war zurück nach Linden zu ihren Eltern gezogen. Ebenso wie ihre Eltern, die sie mit Geld und bei der Wohnungssuche unterstützten, bestand der von ihr verheimlichte Vater darauf, dass Heinrich gemäß der lutherischen

Konfession getauft wurde. Lina, die zwar offiziell evangelisch war, aber sich nach ihrer Konfirmation dem religiösen Leben entzogen hatte, fügte sich, zumal ihr der nach wie vor verheiratete, nun ehemalige Liebhaber unauffällige Unterstützung zugesichert hatte, bis Heinrich beruflich auf eigenen Füßen stehen würde.

Ab Mitte März 1919 wohnte sie mit ihrem Sohn in der Kochstraße, im nördlichen Teil der backsteinroten Stadt Linden, links der Ihme und Leine gelegen. Von deren rechten Ufern weitete sich das nahe fachwerkhohe Hannover nach Osten, Norden und Süden aus. Die Häuser in der Kochstraße wurden von älteren Leuten, die ihre Kindheit noch im bäuerlich geprägten Calenberger Land verbracht hatten, schon mal abfällig Mietskasernen genannt. Diese vierstöckigen Backsteinhäuser sahen tatsächlich alle gleich aus, hatten etwa die gleiche Raumaufteilung. Jüngere, die als Soldaten den Weltkrieg überlebt hatten, verwendeten die Bezeichnung Kaserne ebenfalls, aber weniger abwertend.

Im zweiten Stock bewohnten sie eine Küche, eine kleine Wohnstube, eine Kammer für seine Mutter, und eine zweite für Heinrich. Im Vergleich zu den meisten Gleichaltrigen genoss er eine sehr großzügige Wohnsituation, denn die mussten in ebensolchen vier Räume meistens zu viert, manchmal bis zu sechst oder gar acht leben. Ledige Personen, auch solche mit Kind, kamen als Untermieter oder Schlaf- oder Kostgänger oft nur mit einem Raum für sich zurecht, in welchem sich außer Bett, Stuhl, Waschschüssel und einem Schrank für das Nötigste nichts befand. Eine Schlafstätte mit einer Schwester oder einem Bruder zu teilen, war nichts Außergewöhnliches für Jungen seines Alters. Eine weitere Bequemlichkeit in der Kochstraße war das Klo auf halber Treppe, denn in vielen anderen Lindener Häusern war der Abtritt noch unten im Hof. Zu jeder Jahres-, Tages- und Nachtzeit musste dort die Stufen hinunter und aus dem Haus gegangen werden, um sich zu erleichtern. Wem das zu mühselig war, der blieb in der Wohnung und behalf sich zeitweise mit einem Nachttopf. Schon der kleine Heinrich mochte dieses Nachtgeschirr nicht und lief auch in eisigen Winternächten lieber die halbe Etage hinunter, um abgeschieden in der Toilette seine Notdurft zu verrichten.

Eigentlich stand ihnen dieser vergleichsweise große Wohnraum nicht zu, vermutete Heinrichs Mutter. Und sie war sich sicher, dass der wohlhabende Bauer aus Everloh dahinterstecke, der vieles im Verborgenen bewirkte. Insgesamt, sagte sie sich, habe ich trotz meiner ungewollten Schwangerschaft einfach Glück gehabt, danach noch mehr mit meinem lieben und von Beginn an sehr umgänglichen Sohn.

Als der kleine Heinrich drei Jahre alt war und die Inflation besonders zu wüten begann, waren die ihr von Heinrichs Vater unter der Hand zugeschobenen Scheine immer weniger wert, egal wie groß die Zahlen auf ihnen wurden. Andererseits verlor sie auch nichts an Vermögen, da sie, im Unterschied zu einigen ihrer Nachbarn, kein Geld auf einer Sparkasse hatte. Jammern hatte sie sich schon als Kind abgewöhnt, als sie noch bei ihren Eltern in einem buckligen Fachwerkhaus in der Weberstraße gewohnt hatte.

Der nach außen biedere und treue Gemahl der Bäuerin ließ ihr nun an Markttagen in Linden über einen vertrauten Knecht Naturalien zukommen, Butter, Milch, Gemüse, Eier und Fleisch. Teils verzehrte sie diese mit ihrem Sohn, teils tauschte sie die Lebensmittel gegen einfache Kosmetika und Kleidung ein, wobei ihr ihre Aushilfstätigkeit im Kolonialwarenladen zahlreiche Kontakte zu Frauen verschaffte, die Lebensmittel benötigten.

So lange die Ehefrau mit dem Bauern zusammenlebte, würde er seine ehemalige Geliebte mit seinem Sohn nicht fallenlassen, da war sich Lina sicher, und so lange war sie vor Verelendung gefeit. Zwar hatten auch ihre Eltern ihr manchmal Lebensmittel zukommen lassen, nach 1923 mussten die sich aber am Rande der Existenz durchschlagen.

In der Kochstraße wuchs Heinrich nicht nur mit Kindern jeglichen Alters auf, sondern auch mit Geräuschen und Gerüchen verschiedenster Art, die er bald den sie verursachenden Lebewesen oder Geräten zuordnen konnte. Im Hof hinter dem Haus befand sich in einem einstöckigen Gebäude eine Schneiderwerkstatt, wo es meistens ruhig zuging, bei offenem Fenster nur Scheren leise klapperten und warmer Bügeleisengeruch herausdrang. Aus einem benachbarten Haus, näher an der Limmerstraße, quiekte mittags öfter ein Schwein, ein paar Häuser weiter wurden sogar zwei Schweine im Hinterhof gehalten. Ihre Gerüche drangen bei Südwind in Heinrichs Nase, das Quieken und manche Schimpfereien der Tierhalter gehörten dazu.

Etwas weiter weg, an der Ecke zur Limmerstraße, wurde in einer Stellmacherei gearbeitet. Als Heinrich schon etwas lesen konnte, erfuhr er von einem großen Schild an dem Firmengebäude, dass dort Luxus-, Geschäfts- und Lastwagen angefertigt wurden. Hölzerne Wagen mit langen Deichseln zum Anschirren von Pferden hatte er bis dahin im Werkstatthof gesehen, aber was ein Luxuswagen sein soll, konnte er sich nicht vorstellen.

Das Klopfen beim Einhauen der Holzspeichen, die zum Ofenanmachen begehrten Holzspäne und natürlich der Geruch nach den Hölzern, den er einsog, wenn er auf die Limmerstraße ging, mochte er. Nichts war dabei, was seine empfindliche Nase verärgerte, seine Ohren mit scheppperndem Krach belästigte, ganz anders als es die zunehmende Zahl der Kraftfahrzeuge tat.

Es wurden Wagenräder, Leiterwagen für kräftige Gäule hergestellt, manchmal ein Einspänner, eine Kutsche, an der nach Fertigstellung ein schlankes Pferd angespannt wurde. Diese Fahrzeuge, erklärte ihm seine Mutter, als sie mit Heinrich ein zweirädriges mit einer eleganten Sitzbank vom Werkstatthof fahren sah, das sind die Luxuswagen, so etwas kaufen sich reiche Leute, für uns wird so etwas nicht gebaut.

»Wir sind doch alle gute Sozialdemokraten«, hörte Heinrich öfter in der Kochstraße, auch dass man eine bessere Welt als diese mit Not und Plage wolle und niemand sehr reich oder sehr arm sein müsse. Uniformierte mit Schirmmützen und Lederstiefeln, die keine Polizisten, sondern Nazis waren, durften sich hier nicht blicken lassen. Wobei die Polizei auch nicht gern gesehen war.

Zu Essen bekam Heinrich reichlich und wurde immer satt. Schmackhafte Suppen, Eintöpfe, Pellkartoffeln mit Quark gab es oft, auch mal Milchreis mit Pflaumenkompott, seltener einen Vanille- oder gar Schokoladenpudding.

Im Unterschied zu vielen anderen Familien hatten Heinrich und seine Mutter meistens genug Kuhmilch zur Verfügung, als in der Zeit der Geldentwertung viele Frauen vor den Geschäften Schlange standen, um letztendlich oft nur mit Wasser gestreckte Milch kaufen zu können. Angeblich gab es sowieso zu wenig von diesem wichtigen Lebensmittel und zudem, so ging das Gerücht, machten die Bauern lieber Butter aus dem Gemolkenen, da sich die besser und länger hielt und vor allem mehr Geld einbrachte. Ob sich das mit ihrem Ehemaligen auch so verhielt, erfuhr Lina nicht. Ihre Zweiliterkanne, die sie von einem Everloher Knecht auf dem Lindener Marktplatz bekam, war immer einwandfrei gefüllt. Wenn die junge Mutter nicht alles für ihren Sohn und sich verbrauchte, tauschte sie schon mal eine kleine Kanne Milch gegen Kartoffeln, Sauerkraut oder Gemüse ein. Lina hatte nie gekochte, gebratene, gebackene Steckrüben als Hauptnahrungsmittel zu sich nehmen müssen, wie es in Linden im Jahr vor Heinrichs Geburt gewesen sein soll – so wurde ihr jedenfalls in den Zwanzigern erzählt. Als Magd auf dem großen Hof in Everloh hatte sie im letzten Kriegsjahr ganz nahrhaft essen können, bevor sie schwanger wurde. Dafür hatte der Bauer gesorgt, der seiner Geliebten in ihrer kleinen separaten Kammer neben der Küche ausgesuchte Köstlichkeiten mitbrachte, wenn seine Gemahlin mal wieder mit dem Einspänner nach Hannover gerollt war und für einige Nächte bei ihrer Schwester in der Oststadt wohnte.

Bloß Fleisch gab es bei Heinrichs Mutter nie, aber Bratkartoffeln mit Zwiebeln und Gewürzgurken dazu schon. Der würzige Zwiebelduft machte ihn manchmal neugierig auf gebratenes Fleisch, das aus anderen umliegenden Küchen duftend lockte, von dem seine Mutter aber sagte, dass dafür lebendige Tiere umgebracht würden. Draußen zeigte sie auf Kaninchen hinter Maschendrahtkästen oder die Schweine nebenan: »Um die zu essen, muss man sie vorher töten.« Das zu hören, behagte ihm gar nicht, aber seine Neugier, das mal zu probieren, was so appetitlich roch, verschwand damit nicht. Seine Mutter sagte ihm immer wieder, Fleisch sei schädlich und mache die Jungs später, wenn sie Männer würden, übellaunig und böse. Er solle sich an Milch und Käse halten, Eier seien auch bekömmlich, Brot und Gemüse sowieso.

Auf sorgfältiges Putzen und Flicken legte seine Mutter großen Wert, wobei die wie aus dem Nichts kommenden, dreckigen Fusselgebilde auf dem Fußboden sie manchmal fast rasend machten. Im steten Kampf gegen diese Staubmäuse schimpfte sie schon mal so erbittert, wie es Heinrich von ihr sonst nicht kannte. Sie fegte und wischte die Holzbohlenböden, rieb sie manchmal mit Bohnerwachs ein, aber der sich ballende Dreck kam bald wieder wie aus den Dielenritzen herausgepresst.

Zu Beginn der Zeit in der Kochstraße miefte es meistens etwas schwefelig, weil seine Mutter nur minderwertige Kohlen bekommen hatte. Später, als sie mehr Geld hatte, war es im Winter nicht bloß wärmer, sondern es roch auch besser. An den Wochenenden kamen zum Essensduft noch zwei weitere Aromen hinzu. Sie badete am Samstagabend zuerst ihren Sohn, dann sich in der ovalen Zinkwanne, sodass es nach guter Seife und Haarwaschmittel duftete. Meistens weichte sie anschließend, noch mit dem dicken Handtuch um ihr langes Haar, die schmutzige Wäsche in der gleichen Wanne mit Schmierseife ein, ließ sie in der scharf riechenden Lauge über Nacht stehen und wusch sie am Sonntagvormittag.

Einen Teil ihres Unterhalts verdiente sich Heinrichs Mutter mit Aushilfsarbeiten in einem Kolonialwarenladen. Dieses Geschäft, zu dem auch eine Sauerkrautfabrik und Gurkeneinlegerei gehörte, befand sich nicht weit entfernt in der Viktoriastraße. Wenn Heinrich von seiner Mutter mal mitgenommen wurde, sog er kräftig den Geruch gärenden Krauts ein, der je nach Zustand seiner Reife vom würzigeren Essigaroma frisch eingelegter Gurken überlagert wurde. Innen im Ladengeschäft beschäftigten Heinrich zarte Geruchsspuren von Dingen und Lebensmitteln, die er nicht kannte, aber von seiner Mutter beim Namen genannt wurden. Sie hatte sich während ihrer Stunden als Verkäuferin im Kolonialwarenladen mit einer Kundin, einer etwas älteren Witwe, angefreundet, die bequeme

Reformkleidung trug, von vegetarischer Ernährung sprach und der Unnatürlichkeit strenger und religiöser Erziehung. Ihr freundlicher und gelassener Umgang mit sich und anderen beeinflusste Lina. Sie begann, von dieser Frau zu lernen und sich noch weiter von ihren anerzogenen Lebensvorstellungen zu lösen, als sie es ohnehin schon mit dem heimlichen Liebesverhältnis in Everloh ohne Reue praktiziert hatte.

Heinrichs leiblicher Vater, der Bauer aus Everloh, direkt hinter dem Benther Berg, hatte ihr diese Arbeit vermittelt. Heinrichs Mutter wusste, dass ihr einstiger Liebhaber eine Mordsfurcht vor seiner Frau hatte und ihr um fast jeden Preis seinen Ehebruch verheimlichen musste. Da seine ehemalige Magd mit ihren dunkelblonden Locken und der Stupsnase nicht nur hübsch aussah, sondern auch sehr energisch sein konnte, lag ihm sehr daran, sie bei guter Laune zu halten. Von seiner kränkelnden Angetrauten hatte er bisher keine Kinder bekommen, wusste Lina. Wenn das so bliebe, so hoffte sie, käme sein einziger Sohn später als Erbe infrage. Erst einmal zahlte er ihr, die den leiblichen Vater vor der Behörde als unbekannt angegeben hatte, im Gegenzug so etwas wie ein Schweigegeld, das so gerade zum Leben von Lina und Heinrich reichte. Einmal im Monat kam ein schlichter Brief an sie, der einige Scheine enthielt.

Über den Lebenswandel ihrer Tochter waren ihre Eltern anfangs mehr erschrocken als entsetzt gewesen. Da Lina sich vor ihnen nicht klein machte und liebevoll für ihren eher stillen Sohn sorgte, die Großeltern schon den kleinen Heinrich als freundlichen Enkel mochten, hatte sich ihr Verhältnis zur Tochter und jungen Mutter jedoch in kurzer Zeit entspannt.

Heinrich war schüchterner als andere Kinder in der Straße und später als seine Mitschüler. Doch das bedeutete nicht, dass er sich nicht durchsetzen konnte, wenn er es für nötig hielt. Sein Spielzeuglastwagen aus Holz lieh er auf Bitten bereitwillig aus, bestand aber nach einigen Minuten so lange energisch auf dessen Rückgabe, bis er ihn wieder in den Händen hielt. Bevor er sich auf andere Kinder einließ, blieb er eine Weile abseits stehen, beobachtete sie, bis er sich mit ihnen abgab. Passten ihm ihre Spiele nicht, weil es um Kriege gegen andere Länder, Marterpfähle oder Kolonialkämpfe ging, ließ er es bleiben. Verstecken, Fangen, Ballabwerfen oder Glasmurmelspiele machte er mit, wenn ihm die Beteiligten gefielen.

In einem Sandhaufen konnte er ganz für sich kleine Häuser, Mauern und Wege anlegen, wobei er ganz zufrieden wirkte und niemanden zu vermissen schien. Manche Kinderbücher mit gemalten Bildern von Bauernhöfen, Ritterburgen und fremden Tieren ließen ihn offenbar in anderen Welten leben. Allein spielend, ob mit Sand, Zweigen oder den hölzernen Figuren, Häusern und Fuhrwerken eines Baukastens, schien er mit dem Kopf weit fort von seiner sonstigen Umgebung zu sein.

Wenn er plötzlich aus dem Spielen oder Betrachten durch seine Mutter oder andere Kinder herausgerissen wurde, zeigte sich seine Empfindlichkeit. Der sonst eher ruhige und freundliche Junge reagierte mit stummem Unmut. Oft sogar versuchte er sich trotzig weiter allein zu beschäftigen, tat, als ob er nichts vernommen hätte, ignorierte die Störung, aber wurde nie laut. Meistens ließen ihn die anderen nach einer Weile in Ruhe, zeigten ihm lediglich einen Vogel, winkten ab und meinten: »Lass ihn, den Eigenbrötler.« Wenn seine Mutter ihn in die Arme nahm, über seine dunkelbraunen Locken strich und ihm kopfschüttelnd sagte: »Nun lass mal gut sein, mein kleiner Trotzkopf«, dann widerstrebte er nicht mehr, sich aus seiner Versunkenheit zu lösen und genoss die körperliche Nähe seiner Mutter.

Bei Regen, wenn Luft und Straßenboden noch nicht zu kalt waren, ließ Heinrich durch die Bordsteinrinnen Schiffe gleiten, aus Zeitungspapier gefaltet, die außen ganz dünn mit Schmalz oder Fett eingeschmiert wurden, damit sie im Regenwasser nicht so schnell aufweichen und sinken konnten. Das konnte ihn stundenlang beschäftigen, allein oder mit anderen Kindern in der Straße, auch wenn seine Hände beim Bauen kleiner Häfen aus Steinen und Grassoden vor Kälte manchmal wachsfarben wurden.

Lina kam mittlerweile gut zurecht, hatte aber nicht nur während der sechs Werktage genug zu tun mit dem Haushalt, der Versorgung ihres Sohns und der manchmal noch am Samstag nötigen Arbeit im Kolonialwarenladen, sodass ihr wenig freie Zeit blieb. Dennoch kam das Lesen von Büchern, Broschüren und einer Tageszeitung – aus der sie manchmal auf sein Bitten hin ihrem Sohn vorlas – bei ihr nicht zu kurz. Besonders solche Druckwerke interessierten sie, in denen neuartige Vorschläge zum Essen und sich zu kleiden standen, ja sogar die wie selbstverständlichen männlichen Vorrechte infrage gestellt wurden. Abends, wenn Heinrich schlief, nahm sie auch mal einen Roman zur Hand, las aber nie lange, weil es sie schon vor zehn Uhr ermüdet ins Bett zog. Manchmal durfte Heinrich das Bett »vorwärmen«, wie sie sagte. Kam sie, wurde er kurz wach und schmiegte sich an seine Mutter, schlief, seinen Kopf an ihren weichen Arm gedrückt, schnell und ruhig ein, während sie noch über den vergangenen und kommenden Tag sinnierte.

Besonders an späteren Samstagabenden, wenn sie noch einmal vor die Tür ging, musste sich Lina öfter der Belästigung durch einige angeheiterte oder betrunkene Ehemänner erwehren, denen sie als Ledige wie Freiwild erschien.

Fasste sie einer an, schlug sie ihm kommentarlos die Hand weg und ging weiter. Selbst die Ehefrauen, die Lina manchmal unterstützte, wenn sie schwanger oder krank waren, musterten sie manchmal misstrauisch, auch wenn Lina keinen aus der Kochstraße an sich heranließ.

Gerüchte, Heinrich sei vaterlos, ein Bankert, ein Bastard, ein in Unsittlichkeit auf die Welt gekommenes Kind, hörte er nur andeutungsweise, meistens mit bedauerndem Unterton. Sagte es mal ein Erwachsener in Gegenwart anderer so laut, dass Heinrich es nicht überhören konnte, entgegnete er ungewohnt trotzig: »Ich habe aber einen Vater!«

»Aber sicher hast du einen Vater, sonst gäbe es dich ja nicht«, sagten dann so oder so ähnlich die Älteren in belustigtem Ton.

Einmal fragte er seine Mutter ganz unvermittelt, warum er eigentlich keinen Vater habe, den er kenne. Fast alle in der Klasse hätten wohl einen. Sie schwieg einige Augenblicke, sodass er das Ticken der Uhr überlaut hörte. Schließlich drückte sie ihn an sich und sagte dann: »Dein Vater lebt weit weg von uns, aber er denkt bestimmt immer an dich. Er ist zurzeit unerreichbar. Es wäre nicht gut für dich, wenn der hier in der Kochstraße wohnte«, versicherte ihm seine Mutter, während sie ihm über den Kopf strich.

Heinrich wurde unbehaglich zumute, schwieg aber.

»Sei doch froh, dass du keinen Tyrannen als Vater hast, der dich schlägt und herumkommandiert«, setzte sie nach.

»Ich hätte aber gern einen Vater.«

»Warte doch mal ab, vielleicht hast du bald einen, der gut zu dir ist.« Heinrich nickte nur und verließ die Wohnung, um draußen zu spielen.

Lina war erleichtert über die gefasste Reaktion ihres kleinen Sohns, da sie sich gerade damit herumschlug, ob ihre momentan gesicherte Situation auch weiterhin Bestand haben würde. Von der neu geschaffenen Arbeitslosenversicherung würde sie nichts bekommen, wenn sie ihre Aushilfstätigkeit verlöre, da sie nach ihrer Zeit als Magd in Everloh nie dauerhaft in einem festen Arbeitsverhältnis gewesen war.

Trotzdem ging es ihr immer darum, einen anständigen, tüchtigen und zufriedenen Eindruck zu machen, und dass ihr Sohn wohlerzogen und ordentlich wirkte. Ihre karg möblierte Wohnung war immer aufgeräumt und wurde von ihr so sauber wie ihr möglich gehalten. Elegante Kleidung besaß sie sowieso nicht und Verwandte, mit denen sie auffällig feiern oder auch nur Kaffeetrinken könnte, gab es nicht. Denn mit denen ertappt zu werden beim fröhlichen Nachmittagsschmaus, so hatte sie gehört, käme gar nicht gut an bei den städtischen Fürsorgerinnen.

Obwohl sie gar kein Geld von der Stadt bekam, ließ sie die Furcht nicht los, der kleine Heinrich könnte ihr aus fadenscheinigen Gründen genommen werden, etwa weil sie ihn vernachlässige oder ein unordentliches Leben führe. Überfallartige Besuche von den in schwarz-weißer Tracht gekleideten Frauen waren allgemein gefürchtet, deren Berichte noch mehr. Denn diese Frauen tauchten nicht bloß unangemeldet vor den Wohnungen bedürftiger Personen auf, denen mit etwas Geld und Kleidung geholfen wurde, sondern sie befragten darüber hinaus die Nachbarn und bei Hilfeempfängerinnen besonders die Nachbarinnen. Die meisten Fürsorgerinnen gaben sich als durchaus mitfühlende Personen – aber Ordnung muss sein, die Regeln müssen eingehalten werden, das machten sie klar.

Mit dem Lohn als Aushilfsverkäuferin, dazu den Naturalien samt den heimlichen Geldzuwendungen durch ihren Everloher Bauern war sie bis jetzt ganz gut zurechtgekommen. Allgegenwärtig war dennoch ihre Befürchtung, dass sie irgendwann einmal in der über die Stadt hinaus bekannten und mehr noch berüchtigten Armensiedlung auf dem Tönniesberg landen könnte, wenn sie nicht mehr als Verkäuferin arbeitete, die Wohnung nicht mehr bezahlte und auf die normale Fürsorge angewiesen wäre. Die Frauen in der Kochstraße sprachen manchmal über Personen, die sie gekannt hatten, die in die Armensiedlung auf dem Tönniesberg mussten und nicht wieder in Linden auftauchten, mit einer Mischung aus Mitleid und Distanz. Damit wollten sie nichts zu tun haben.

An einem Herbstsonntag hatte Lina einen längeren Spaziergang Richtung Süden gemacht, war durch das Kleingartengelände auf dem Lindener Berg gestreift, und stand nach einer weiteren halben Stunde Fußwegs schließlich am Zaun, der das triste Gelände der Notunterkünfte auf dem Tönniesberg umgab. Als sie durch den Eingang spähte, sah sie keine Häuser oder Baracken, sondern alte Eisenbahnwagen, aber keine für Fahrgäste, sondern welche ohne Fenster mit Schiebetüren, von denen einige offen standen. Dieser Anblick ließ sie erschauern, verstärkt durch die wenigen Menschen, die schlecht bekleidet an ihr vorbeigingen. Als sie nach kurzem Zögern einen älteren Mann in einem ramponierten Anzug ansprach und ihn höflich fragte, wie man da drin lebe, sagte der nur: »Junge Dame, wie das liebe Vieh, denn der Wagen ist mit Brettern unterteilt, damit zwei Rindviecher wie ich dort vegetieren können. Wir haben darin Gipswände und Gipsdecken, können uns mit feinen Holzkisten selbst möblieren. Es ist fast luxseriös, besonders Ratten und Wanzen können sich nicht beschweren.« Er hatte abgewunken und war hineingegangen.

Mit diesen beklemmenden Eindrücken war sie zurück in die Kochstraße gegangen, hatte in ihrer Küche Heinrich lange umarmt und seinen Kopf gestreichelt, aber dennoch nachts schlecht geträumt. Wieder einmal bedrängte sie die Furcht, dass das Jugendamt ihr den Sohn entreißen und fern von ihr in eine Erziehungsanstalt stecken könnte, falls sie oder Heinrich sich etwas zu Schulden kommen ließen.

Manchmal, wenn ihre Lage als Mutter ohne Familie im herkömmlichen Sinn sie mal wieder sehr bedrückte, machte sie sich klar, dass nur eine Heirat, die Ehe, sie vor widerlichen Anwürfen aller Art und insbesondere langfristig vor dem Zugriff der städtischen Fürsorge bewahren würde. Ihre Furcht vor Verelendung, vor dem Ausgeliefertsein an Ämter, wenn Heinrichs Vater sie nicht mehr heimlich unterstützen würde, mündete dann in den ihr selbst widerstrebenden Gedanken, notfalls mit einer erträglichen Männerbekanntschaft eine Schwangerschaft zu wollen, um den künftigen Kindesvater damit zur Heirat zu bewegen.

Lina anhimmelnde Männer gab es genug. Fast alle hielt sie sich freundlich vom Leibe. Nur nachmittags traf sie mal einen im großen Kaffeegarten der »Schwanenburg« an der Leine, wo es manchmal auch Konzerte gab, oder spazierte mit ihm am Sonntagnachmittag zum Kaffeetrinken und Tanzvergnügen am Lindener Berg unterhalb des steinernen Turms. Abends ging sie höchstens mal mit einer Freundin aus, nie mit einem Verehrer. Einmal fuhr sie sogar allein mit der Straßenbahn zum Schwofen in Hannovers Altstadt, tanzte bis nachts um elf, leistete sich ein Glas Sekt, hielt sich einen sehr zudringlichen Tänzer vom Leib, der sie unbedingt nach Hause bringen wollte und erreichte unversehrt und aufatmend ihre Wohnung, wo Heinrich schon friedlich schlief.

Seit 1925 ging Heinrich zur Weltlichen Schule in der Fröbelstraße, die er zu Fuß in knapp zehn Minuten erreichte. Seine Mutter war zwar konfirmiert worden, aber selbst nicht religiös, ging nach wie vor nicht in die Kirche. Damit war sie in der Kochstraße nicht allein. Für ihren Sohn wollte sie unbedingt eine schulische Erziehung »ohne harte Hand«, daher entschied sie sich, ihren Sohn in diese neue, bekenntnisfreie Schule zu schicken.

Im Fach Naturkunde wurden oft Ausflüge in die nähere Umgebung unternommen, kürzere zum Beispiel in das Wäldchen am Limmerbrunnen, wo auch das seltsam salzige Wasser gekostet wurde, dessen die Gesundheit fördernde Mineralien – wie die Lehrerin erklärte – einen kleinen Kurbetrieb nahe Hannover ermöglichten. Heinrich mochte diese Wanderungen sehr, wo er gern beobachtete und zuhörte, was über einen Abschnitt oder ein größeres kultiviertes Gebiet zu erfahren war. Manchmal bekam er etwas Ärger mit dem Lehrpersonal, weil er dazu neigte, sich plötzlich vom geordneten Klassenverband zu entfernen und nahe Gebüsche oder Wasserstellen zu erkunden. Immerhin musste er nie gesucht werden, sondern kehrte gutwillig zu den anderen zurück, wenn man nach ihm rief. Für Mädchen wie Jungen gab es Sportunterricht und, wenn die Jahreszeit es zuließ, einige Badestunden im Fössebad.

Religionsunterricht wurde nicht erteilt, und es gab auch keine konfessionelle Durchdringung der sonstigen Unterrichtsfächer, wie es an den anderen Schulen üblich war. Wovon andere Kinder aus der Kochstraße sprachen, dass sie von einigen Lehrern Kopfnüsse oder Schläge mit dem Lineal auf die Finger bekamen, ihnen schon mal mit dem Rohrstock der Hintern versohlt wurde, war Heinrich fremd. So konnte er auch mit dem Ausspruch eines Familienvaters von sechs Kindern nichts anfangen, der gern lauthals verkündete, wer sein Kind liebt, züchtigt es. Obwohl er ein bekennender Sozialdemokrat war, der sich sehr abfällig über die »Pfaffen« äußerte, wie er sie nannte, hielt er wenig von der Schule in der Fröbelstraße, weil deren Lehrkräfte das übliche Züchtigungsrecht ablehnten. Auch von seiner Mutter erhielt Heinrich nie richtige Schläge, nur mal einen festen Klaps auf den Hintern oder einen leichten auf den Hinterkopf. Weinen musste er deswegen nie und Angst davor haben auch nicht.

Ihm gefiel, dass Jungen und Mädchen gemeinsam in einem Raum unterrichtet wurden. Allerdings saßen sie in den Klassen getrennt, die Mädchen in der linken Bankreihe, die Jungen in der rechten; die Jungen erhielten Werkunterricht, die Mädchen übten sich in Handarbeiten.

Einen Satz wiederholte der Deutschlehrer gern, wenn eine seiner Schülerinnen oder ein Schüler anfing, vom Glauben zu reden: »Schwärmer begründen eine Religion, die Dummköpfe nehmen sie an, Betrüger führen sie fort.« Ein gewisser Voltaire, ein Philosoph, habe das vor zweihundert Jahren geschrieben, sagte er, und das sei gültig, wenn in den Kirchen und meisten Schulen bis heute der Glaube vor dem Wissen stehe. Heinrich verstand den Satz nicht so ganz, denn eine Schülerin, die er mochte, fing einmal an zu weinen und schluchzte, dass sie an Gott glaube, aber auch nicht dumm sein wolle und gern hier in die Fröbelschule gehe.

Neu für Heinrichs Mutter war das Lernen in fächerübergreifenden Unterrichtsepochen, als er ihr mit wenigen Worten davon erzählte. Wenn es zum Beispiel um Linden und Umgebung ging, da wo sie lebten, erfuhr er etwas von den Gesteinen unter der Stadt, von den typischen Pflanzen hier, musste Rechenaufgaben lösen im Zusammenhang mit der wachsenden Einwohnerzahl oder dem Verhältnis von Landbesitzern zu Landarbeitern. Die Geschichte Hannovers, Lindens und des Calenberger Landes waren Themen bis hin zur Tagespolitik, wobei es manchmal zu

Übergängen in ein anderes Unterrichtsfach kam. So wurde öfter der jeweils aktuelle Geldwert für Milch und Brot im Verhältnis zu den Löhnen in der Klasse ausgerechnet.

Die Lehrerinnen und Lehrer bemühten sich mehr oder weniger erfolgreich, freundschaftlich mit den Kindern umzugehen und ihnen ein partnerschaftliches Umgehen miteinander anzugewöhnen. Dazu gehörte auch der Besuch bei den Eltern ihrer Schülerinnen und Schüler, um die familiäre Umgebung und deren Probleme kennenzulernen, die sie dann im Unterricht berücksichtigen konnten. Die Kinder sollten Zusammenhänge erkennen, erfuhr Lina, um ein besseres Verständnis ihrer Lebensbedingungen zu ermöglichen. Darüber hinaus sollten sie fähig werden, selbst etwas zu beurteilen und nachzufragen und nicht alles als selbstverständlich hinzunehmen.

Außer dass Heinrich angenehm ruhig und umgänglicher war als die meisten, hatte sein Deutschlehrer den Eindruck, dass er sich nicht so richtig entfaltete, wie der Pädagoge seiner Mutter bei einem Hausbesuch sagte. Dabei sei ihr Sohn keineswegs irgendwie geistig eingeschränkt, aber schrieb nach wie vor die kürzesten Texte, kam im Deutschunterricht deshalb nie über eine Drei hinaus, die er nur deshalb erreichte, weil er im Diktat kaum Fehler machte, und – wenn auch ohne nötige Betonung – ganze Gedichte auswendig aufsagen konnte. Abschnitte aus dem Geschichtsbuch erzähle er faktengetreu nach und vergesse kaum etwas in Heimatkunde wie Naturlehre. Im Rechnen sei er gut, sogar der Schnellste im Kopfrechnen, seine mündliche Beteiligung sei allerdings gering, er melde sich fast nie, um etwas zu sagen.

Durchaus bewundernswert sei sein Gedächtnis, sagte der Deutschlehrer zu seiner Mutter, er bringe aber bloß auf Nachfrage Dinge, die er im Kopf habe, in den Unterricht ein. Selbst etwas zu erzählen, ja sich zu melden, unterließ er nach wie vor. Heinrich habe einmal zur Verblüffung der Klasse und des Lehrers dies von sich gegeben: »Meiner Mutter erzähle ich alles. Hier spreche ich nur, wenn ich gefragt werde.«

Manchmal sei Heinrich in Gesellschaft seiner Klassenkameraden stumm wie ein Fisch, sage nur einzelne Wörter oder Zahlen, lache kurz auf und verstumme wieder, bis er vom Lehrer drangenommen werde.

Im Sommer, bei Südwind, wehte aus der Lindener Aktienbrauerei ein aufdringlicher süßlicher Geruch herüber, über den die meisten die Nase rümpften, den Heinrich aber fast so mochte wie den Duft, der die Backstuben zu umhüllen schien. Nebenan, wo der Brauereigeruch erzeugt wurde, gab es seit Kurzem am Küchengarten ein gut besuchtes städtisches Badehaus. Der mächtige Backsteinbau überragte mit seinen vielen Stockwerken den Platz, nur die Ecktürme der Lindener Aktienbrauerei daneben an der Blumenauerstraße konnten da mithalten. Da die meisten Familien in Linden kein eigenes Badezimmer besaßen, wurden die Wannenbäder am Küchengarten rege benutzt. An einigen Freitagen, nicht am Wochenende, weil es da lange Wartezeiten gab, ging er nun an der Hand seiner Mutter dahin, um für fünfzig Pfennig mit ihr in einer wohlig warmen Wanne zu baden. Es war einfacher und bequemer, als in der heimischen Küche die enge Zinkwanne mit heißem und kaltem Wasser zu füllen und sie dann wieder eimerweise zu entleeren. Anfangs teilte er mit seiner Mutter noch dieselbe Wanne im Badehaus, nach einigen Wochenenden wusch sie ihn zuerst, dann badete sie ausgiebig und hieß ihn schon mal allein zurück in die Kochstraße laufen. Für unterwegs gab sie ihm Lakritzetaler oder Pfefferminzplätzchen oder eine andere kleine

Leckerei mit. So freute er sich jedes Mal besonders auf das Baden mit seiner Mutter und danach.

Wenn Heinrich nach der Schule Zeit hatte, machte er ab und zu den Laufburschen für die Schneiderei im Hinterhof, um sich einige Pfennige zu verdienen. Der Schneider beschäftigte ihn gern, da Heinrich nie vergaß, was er zu welchem Kunden schaffen und was er vielleicht auf dem Rückweg mitbringen sollte. Auch längere Wege zur Ablieferung von Näharbeiten oder um Flickaufträge zur Werkstatt zu bringen, erledigte er ohne Weiteres.

Selten wurde ihr Sohn krank, und wenn, dann ging sie mit ihm zum freundlichen Dr. Liepmann, der seine Praxis in der Limmerstraße hatte. Die in Linden Lebenden lernten ihn bald schätzen, denn für die überwiegend ärmere Bevölkerung hatte er stets Zeit, Rat und gute Verordnungen. Zahllose Gebärende unterstützte Dr. Liepmann in ihren schweren Stunden, doch ebenso soll er Frauen, die ungewollt schwanger geworden waren, in ihrer Not geholfen haben – so ging ein Gerücht. Weil ein Elternteil jüdischer Abstammung war, kam er auch 1926 kurz ins Gerede, als in der Stadt Hannover eine Typhusepidemie ausbrach. Manche Lindener lasteten das unsauberen Obdachlosen oder Wanderarbeitern an, einige wenige hielten mal wieder Juden für schuldig. Schließlich musste die städtische Trinkwasserversorgung einräumen, dass sie selbst unbeabsichtigt Keime durch ihre Leitungen verbreitet hatte.

Endlich richtig Schwimmen lernen im Fössebad, nicht bloß im flachen Wasser herumlaufen und nach einigen Zügen Brustschwimmen, sich am Beckenrand festhalten! Heinrich war so aufgeregt wie noch nie. Das Fössebad war das älteste Bad in Linden und Umgebung. Sein Becken wurde von der aufgestauten Fösse gespeist, einem kleinen salzhaltigen Bach, und war etwa hundertfünfzig Meter lang und dreißig Meter breit. Wiese, Bäume und Büsche umfassten das Schwimmbecken parkartig und machten die großzügige Anlage im Sommer zu einer sehr beliebten und viel besuchten Erholungsstätte.

In Begleitung seiner Mutter, der zu ihrem Bedauern niemand das Schwimmen beigebracht hatte, fiel das Schwimmenlernen dem Siebenjährigen ganz leicht. Es fand sich immer ein Mann, der Heinrich samt seiner danebenstehenden jungen Mutter im Badeanzug bei seinen paddelnden Schwimmversuchen beobachtete. Manch einer sprach sie an, versprach, es ihm richtig beizubringen, nur um Lina näherzukommen, wie sie bald merkte. Heinrich zeigte sich gelehrig gegenüber den mütterlichen wie männlichen Anweisungen, und so konnte er sich schon mit acht Jahren längere Zeit über Wasser halten, tauchen und sogar vom Einmeterbrett springen. Auch sich an den Beckenrand zu stellen, nur um zu gucken, was die anderen so im Wasser treiben, machte Heinrich Spaß, bloß schubste ihn meistens irgendwann jemand ins Wasser, wenn er in das muntere Treiben unter ihm ganz versunken war. Besonders fies fand er es, wenn ihn dann noch einer döppte, bis er um Atem ringend auftauchte.

Es gab hier noch andere Nachteile, denn zum Fössebad musste er mit seiner Mutter fast durch ganz Linden hindurch. Hingegen war der Ihmelauf zwar noch salziger als das Wasser in der großen Badeanstalt, aber nur zwei Gehminuten entfernt von der Wohnung. Dahin werde er erst dürfen, wenn er sicher schwimmen könne, sonst sei das Baden dort zu gefährlich, hatte seine Mutter ihm eingeschärft. Im nächsten Sommer, wenn er weitere Fortschritte beim Schwimmen gemacht habe, werde sie mit ihm auch günstige Uferstellen am weitgehend zugebauten

Ihmeufer aufsuchen. Wie auch immer – Schwimmen war für ihn hautnahes Glück und freies Getragenwerden, das anschließende Durchwärmen bei Sommerwetter auf einer dicken Decke an der Seite seiner Mutter machte es vollkommen.

Nur wenige Jungs trugen manchmal sonntags oder zu Feierlichkeiten Matrosenanzüge, die meisten einfache helle Hemden, runde Halsausschnitte oder den sogenannten Schillerkragen, der offen und breit über dem Jackenkragen getragen wurde. Der lässige, offene Hemdkragen stand in Kontrast zu dem den Hals einengenden geschlossenen, geknöpften Kragen der Militärs, der ähnlich vom Bürgertum getragen und nicht selten von einer Krawattenschlinge umschlossen wurde. Die meisten Träger des Schillerkragens, klein wie groß, bekannten sich zur Arbeiterbewegung, zeigten bewusst ihre unbürgerliche Haltung, insbesondere ihren Abstand zu den uniformierten Nationalsozialisten.

Uniformschnitte in der Kinderkleidung waren in der Kochstraße verpönt, mit einer Ausnahme: Die Tradition der Matrosenoberbekleidung als Vorbild – einst vor allem für die männlichen Kinder gewählt als Ausdruck der Begeisterung für die kaiserliche Kriegsmarine – war also auch in der Kochstraße und der Weltlichen Schule sichtbar. Aber sie sei politisch akzeptabel, erfuhr Heinrich, da es ja gerade die Matrosen der Kriegsflotte gewesen waren, die den Sturz des Kaiserreichs und die Demokratisierung vorbereitet hätten. Üblich waren kurze Hose, Hemd und Pullover, manchmal eine Jacke, selten ein Mantel, weil der teuer war. War es kalt, stopfte Heinrichs Mutter ihm einen nur etwas kratzigen Wollschal um den Hals. Jetzt im Sommer trug er meistens den bequemen Schillerkragen, so wollte es seine reformfreudige Mutter, die damit auch die

Nähe zu einer zwanglosen Lebensweise ausdrücken wollte, weniger eine politische Überzeugung.

So oft wie möglich eilte er nachmittags an die wenigen zugänglichen Badestellen der Ihme oder Leine, wo es ruhiger als im Fössebad zuging, wo weniger Kinder waren, die andere ärgern wollten, und wo alle gut schwimmen konnten. Am liebsten war ihm die Einmündung der Ihme in die Leine, um dort ausführlich zu baden. Schnelles Schwimmen in Seitenlage, das sogenannte Kraulen, lehrte dort ein Kriegsversehrter mit einem Bein, der sich gern in der Nähe der plantschenden Kinder aufhielt und schon einigen die nötigen Bewegungen samt passendem Atemrhythmus beigebracht hatte. Als sich Heinrich mit kräftigen Schwimmzügen sicher im fließenden Wasser halten konnte, genoss er es, von der trüberen, salzigen Ihme in die etwas hellere und erdiger schmeckende Leine zu schwimmen. Die begradigte Ihme trug ihn etwas besser als die kurvenreichere Leine, deren Wasserwirbel ihn reizten. So schwamm er nach wenigen Wochen Übung gern hin und her, wurde ausdauernder und schneller.

In diesem Sommer, besonders sonntags und in den Ferien, wollte Heinrich so viel wie möglich am und im Wasser sein. Seine Mutter erlaubte ihm das, mahnte ihn zur Vorsicht, gab ihm Decke, Handtuch, Brote und eine Flasche Brause mit. Wenn Heinrich sein Badeleben genoss, hatte sie Zeit für ihren heimlichen Freund, der zum Verehrer und bald ihrem Liebhaber wurde.

An einem heißen Sonntagnachmittag nahmen ein paar ältere Mitschüler Heinrich zum Schwimmen weiter westlich am Kanal mit. Kalbernd und bölkend ging die Gruppe Richtung Limmer. Bei der Wasserkunst, wo der Kanal schon von der Leine abgezweigt ist, machten sie halt. Einige Kinder und Jugendliche waren schon da.

Mehrere Jungen sprangen von der Kanalbrücke, was als Mutprobe galt. Heinrich wollte das auch machen, obwohl er Furcht bekam, als er vom Stahlgeländer hinuntersah. Das waren bestimmt fünf Meter oder so. »Na, hast du die Traute?«, rief einer. Gerade als Heinrich über einen Brückenträger steigen wollte, um sich mit geschlossenen Augen hinunter zu stürzen, hielt ihn einer der Älteren am Oberarm fest. »Nee, du nicht, dafür bist du noch zu jung, das ist zu gefährlich für dich«, sagte er ihm, wobei er Heinrich ganz freundlich ansah. Heinrich blickte in sein Gesicht, verharrte dabei einen Moment wie erstarrt. Dann nickte er und bewegte seinen Körper wieder zurück, bis er wieder auf den dicken Brückenbohlen stand.

An warmen Sommernachmittagen lief er auch mal ohne Erlaubnis seiner Mutter hinunter zum Ufer der Ihme. Einmal wurde er sogar ohne Bezahlung von der kleinen Fähre mitgenommen, die, durch ein Seil gesichert, ein Mann mit Schlägermütze zum anderen Ufer gleiten ließ. Es war das erste und einzige Mal in seinem Leben, dass er mit einem Boot auf dem Wasser unterwegs war. Selbst als ihn der flache Kahn wieder zum Lindener Anleger zurückbrachte, fand Heinrich es nicht sonderlich aufregend, verglichen mit dem Gleiten seines Körpers im fließenden Gewässer.

Das Fössebad mit seinem stehenden Wasser im umgrenzten Becken kostete Eintritt und bot ihm vergleichsweise weniger angenehme Abwechslung. Es war oft so gut besucht, dass sich die Schwimmer an warmen Tagen schon an den Leitern und den Brettern über dem Wasserspiegel drängten und im langgezogenen Becken wurde der kleinere Heinrich schon mal aus Versehen von einem Größeren untergepflügt. Trotz Badeaufsicht war Hineinschubsen und mutwilliges Untertauchen durch die Jungen üblich, nur Mädchen wurden meistens geschont.

Zu Weihnachten erhielt Heinrich von seiner Mutter Holzspielzeug, dazu neue feste Winterschuhe und eine dick gefütterte Kapuzenjacke. Gesungen und gebetet wurde am Heiligabend nicht, es gab keinen Weihnachtsbaum, aber etwas Fichtengrün mit drei dicken roten Kerzen aus duftendem Bienenwachs und einen großen bemalten Pappteller mit kleinem Gebäck, Marzipan, Schokoladestücken, Walnüssen und den sonst viel zu teuren Orangen. Dass seine Mutter sich diese Geschenke und Leckereien leisten konnte, lag an dem Geld, das sie beim vorletzten Marktbesuch vom Bauern erhalten hatte. Diesmal war er direkt am Markstand gewesen und hatte unter die üblichen Lebensmittel einen Umschlag mit hundert Reichsmark platziert. Sie hatte fast die Fassung verloren, als sie ihn sah. Innerlich angespannt hatte sie nur kurz mit ihm gesprochen, weil der Bauer endlich einmal seinen Sohn sehen wollte, sie aber noch nicht dazu bereit war, ihm Heinrich zu präsentieren, wie sie sich ihm gegenüber ausdrückte.

Schon bevor er schulreif geworden war, hatte sie ihm wiederholt erzählt, dass in einer Familie Männer leicht zu Tyrannen würden und Frauen meistens hart oder wehleidig, ja, sie hatte wiederholt das Wort »Zuchtanstalt« benutzt und betont, »niemals ein Eheweibchen« werden zu wollen, ganz egal, wer noch in ihr Leben treten werde. Für Heinrich waren das Wörter, deren Bedeutung er noch nicht verstand, die er gleichwohl in sein Gedächtnis aufnahm, da seine junge Mutter sie immer sehr nachdrücklich ausgesprochen hatte.

In den kälteren Monaten nahm ihn seine Mutter einmal im Monat ins Apollo-Kino auf der Limmerstraße mit, wo schwarz-weiße Stummfilme, oft mit Musikbegleitung und einem Sprecher vorgeführt wurden. Heinrich ging gerne mit, war erstaunt, was es da alles zu sehen gab, auch wenn er manche Handlung auf der Leinwand nicht ganz nachvollziehen konnte. Den stärksten Eindruck hatte aber ein Kinobesuch im Victoria-Theater, dem Kino im Haus zum Schwarzen Bären, hinterlassen.

Im März 1928 hatte er dort »Pat und Patachon auf dem Pulverfass« gesehen und so viel gelacht, wie es seine Mutter von ihrem Sohn noch nie erlebt hatte. Diese beiden so unterschiedlichen Personen auf der Leinwand hatten ihn derart intensiv und nachhaltig begeistert, dass er den Lärm der laut die Untertitelungen Vorlesenden schon nach den ersten Bildfolgen nicht mehr wahrnahm, nur noch, wie sich der schlaksige lange Pat und sein gedrungen dicklicher Freund Patachon in den Alltag von Bürgern einmischten, dort häusliches Chaos stifteten, mit grotesken Methoden Liebende zueinander brachten.

Als Heinrich damals, noch ganz ergriffen von den Vagabundenabenteuern, mit seiner Mutter aus dem Kino kam, sagte er ihr: »Ich möchte mich auch so anziehen wie der Lange im Film. Und ich möchte mal Landstreicher werden.« Lina musste etwas irritiert lachen und sagte dann ganz langsam: »Na, mal sehen. Auf dein weiches Bett und mein Essen willst du auch verzichten?«

»Nein, Mami, aber tagsüber, in der Woche, müsste das doch gehen.«

Für Heinrich passten die Lieder aus dem Musikunterricht der Fröbelschule, die er nun im Herbst lernte und sang, zu seiner Vorstellung vom freien und fröhlichen Umherziehen durch die Landschaft, so wie er es im Kino gesehen hatte.

»Brüder, zur Sonne, zur Freiheit«, Volkslieder wie »Das Wandern ist des Müllers Lust« und auch »Die Internationale« wurden gemeinsam gesungen. Was Landsknechtslied genannt wurde, in dem es mit Begeisterung draufgeht, in dem Burgen und Klöster zerstört wurden, gefiel ihm nicht so gut. »Wir sind des Geyers Schwarzer Haufen / und wollen mit Tyrannen raufen«, sang er recht und schlecht mit. Obwohl die Melodie viel Schwung hatte und er sich beim Singen irgendwie stark fühlte, wollte er nicht angreifen und raufen, höchstens sich wehren, wenn man ihm ganz direkt etwas wollte.

Die Strophen dieses Lieds waren die letzten, die er in der Weltlichen Schule Fröbelstraße auswendig lernte und sang, denn seine Mutter zog mit ihm noch vor Weihnachten 1928 weg von Linden, weg von seiner vertrauten Schule und seinen Spielkameraden.

Konstantinstraße

Seine Mutter war mit Heinrich in die Konstantinstraße gezogen, in einen Stadtteil im Nordosten Hannovers, wo er eine konfessionelle, evangelische Volksschule besuchen musste.

Sein Schülerpult mit Sitzbank, das er mit einem anderen Jungen teilte, war bereits sichtbar gealtert. Es hatte eine schräge rechteckige Fläche für die Schreibhefte und Lesebücher, oben eine waagerechte schmale Ablage für Schreibzeug und zwei in das Holz eingelassene Tintenfässer. Unter dieser Holzplatte gab es genug Hohlraum für Bücher, Hefte, Butterbrot und kleine Heimlichkeiten, unten das schräge Fußbrett. All das sollte dem Gradesitzen, Lesen und Schreiben mit Griffel oder Stahlfeder dienen. Verblasste oder fast getilgte Kritzeleien waren im teils abgeschabten Lack des Pults auszumachen: Paul ist doof, ein fünfzackiger Stern, über den ein halbes Hakenkreuz eingekratzt war, ein ungelenk gezeichneter Umriss eines weiblichen Körpers.

Der Rohrstock, von dem er in der Kochstraße nur gehört hatte, stand im Klassenzimmer zunächst harmlos in der Ecke, gleich neben der Tür. In Aktion erlebte Heinrich ihn zum ersten Mal bei einem Schüler, der nachweislich beim Diktat auch die Fehler des Banknachbarn ab- und mitgeschrieben hatte und so als überführter Betrüger nach vorn zum Lehrerpult geholt wurde.

Sechsmal sauste das gelbliche Rohr mit den Knotenstellen auf dessen Hosenboden. Erst schrie der Junge auf, dann wimmerte er und ging schließlich mit nassen Augen in seine Schulbank zurück. Heinrich war tief erschrocken von dieser Exekution.

Bald darauf traf es auch ihn. Der Deutschlehrer legte peinlich genau Wert darauf, dass seine Schüler – es gab nur Jungen in der Klasse – alles hochdeutsch vorlasen und darüber auch möglichst hochdeutsch sprachen, wenn er die Drittklässler befragte. Bei Heinrich klappte das meistens auch ganz gut, zumal er von sich aus nur selten den Mund auftat. Außerdem hatte seine Mutter mal mundartlich, mal hochdeutsch mit den Kundinnen im Kolonialwarenladen geredet, je nachdem, wie sie diese einschätzte. Mit ihrem Sohn sprach sie in etwa das in der Schule gelehrte Deutsch. Aber da Heinrich in Linden wie dort üblich Platt mit Seinesgleichen aus der Kochstraße gesprochen hatte, verfiel er, wenn er aufgeregt oder verärgert war, in diese niederdeutsche Mundart.

In einer Unterrichtsstunde musste immer ein Schüler einen Vers aus »Ein feste Burg ist unser Gott« vorlesen, dann wurde ein anderer gefragt, was damit ausgesagt werden soll. Der vor Heinrich Sitzende holperte sich halblaut durch den Strophenabschnitt:

Nehmen sie den Leib,
Gut, Ehr, Kind und Weib:
Laß fahren dahin,
Sie habens kein Gewinn,
Das Reich muß uns doch bleiben.

Nun wies der Deutschlehrer mit dem Finger auf Heinrich und fragte, was mit diesen fünf Versen ausgedrückt werden solle, was sie für uns bedeuten würden. Heinrich hielt den Kopf gesenkt, antwortete erst einmal nicht. Angespannte

Stille in der Klasse, Heinrich zuckte mit der Schulter. Schließlich kam aus seinem Mund: »Dat is man alls son Schietkram.« Mehr nicht. Die Klasse lachte auf; der Lehrer war nur einen Augenblick verblüfft, verließ das Lehrerpult, griff zum Stock und holte Heinrich nach vorn vor die Tafel und befahl ihm, sich zu beugen. Während er fünf Hiebe auf den Hintern herunterzählte sagte er: »Du – sollst – anständig – Deutsch – sprechen, du gottloser Balg!«

Heinrich schlich zu seinem Pulttisch zurück, weinte fast stumm und sagte in der Klasse den ganzen Tag gar nichts mehr.

Bei einer Konferenz kam unter den Lehrern kurz die Frage auf, ob Heinrich das Zeug für eine weiterführende Schule habe. Er zeige zwar ein eher passives Verhalten, nehme aber genau wahr, könne schlussfolgern, sei ein sehr guter Kopfrechner, höre zu, nehme Wissen auf, habe ein erstaunliches Tatsachengedächtnis, aber mache nichts damit, verbinde es nicht zu weiterführenden Gedanken, bewerte es nicht.

Der Lehrer für Geometrie und Rechnen hatte Heinrichs Fähigkeiten für räumliche Wahrnehmung und sichere Lösungen von Rechenaufgaben herausgestellt, die für eine höhere Schule mehr als hinreichend seien, bestimmt für eine Realschule, eigentlich sogar für das Gymnasium. Auch in Naturlehre sei Heinrich einer der Besten, er erfasste Ähnlichkeiten, leider keine abstrakten Zusammenhänge. Er sammle sein Wissen wie ein borniertes Lexikon.

Der Deutschlehrer und sein Kollege für Geschichte und Heimatkunde stimmten den zuletzt geäußerten Aussagen zu und ergänzten sie dahingehend, dass Heinrich zwar sich alles Mögliche merken könne, dass ihm aber anscheinend jeder Glaube fremd sei, ihm seelische Tiefe fehle, anhand des Auswendiggelernten keinerlei höhere Gedanken darlegen könne und mitunter im Unterricht gedanklich abwesend sei, was auch durch schärfere erzieherische Maßnahmen bisher nicht geändert werden konnte.

Der Deutschlehrer räusperte sich. »Ich will Ihnen nur ein Beispiel nennen, werte Kollegen. ›Warum ich meine Heimat liebe!‹ war ein Aufsatzthema, als er zehn geworden war. Er schrieb nur: ›Ich liebe meine Heimat, weil meine Mutter hier wohnt. Ich bekomme von ihr gut zu essen, auch wenn sie selbst kein Fleisch isst. Ich darf draußen spielen und habe meine Kammer ganz für mich.‹ Das war alles! ›Herr Lehrer, warum soll ich was schreiben, das schon im Schulbuch steht?‹, sagte er oft.«

Hinzu komme, dass seine Mutter, die allein für ihren Sohn sorgen müsse, gar nicht die finanziellen Mittel habe, ihm noch jahrelang den Lebensunterhalt zu gewähren, wenn er auf einer höheren Schule ginge, anstatt möglichst bald sein eigenes Geld zu verdienen. Hinzu komme überdies ihre geringe Bildung, die keinesfalls dazu reiche, ihren Sohn auch nur in den Grundlagen der deutschen Literatursprache, geschweige denn denen der Fremdsprachen oder der Mathematik zu unterstützen.

»Und wie schon gesagt. Weil er von höheren Dingen ebenso wenig versteht wie ihm zugleich die rechte Tiefe des Empfindens zu fehlen scheint, würde ihm der Zugang zu den Bildungsidealen des klassischen Humanismus niemals gelingen«, beschloss der Deutschlehrer sein Plädoyer gegen eine Höherempfehlung.

»Also bewegt sich Heinrich zwischen Höhe und Tiefe immerhin verlässlich in mittleren Gefilden und übertreibt nie«, konstatierte der für Geometrie und Rechnen zuständige Kollege ironisch, da er den Deutschlehrer nicht mochte. Vonseiten des Kollegiums kam es zu keiner Empfehlung für eine weiterbildende Schule.

Bibelverse konnte Heinrich ebenso wenig wie Gebete sprechen. Er hatte das bisher nie lernen müssen, er brauche das nicht, hatte ihm seine Mutter versichert. Wenn alle im Chor das Vaterunser aufsagen mussten, blieb Heinrich stumm. Als der Religionslehrer das beim dritten Mal bemerkte, befahl er Heinrich, allein den Text aufzusagen. Der Junge blieb stumm. Mit Daumen und Zeigefinger fasste der Pädagoge die feinen Härchen vor dem rechten Ohr Heinrichs und begann dieses kleine Bündel zu drehen, bis Heinrich den Kopf schräg hielt und aufstöhnte. Es nützte nichts, er sagte nichts. Als er diesen schmerzlichen Vorfall seiner Mutter mit wenigen Worten mitteilte, versprach sie ihm, dass er nicht mehr am Religionsunterricht teilnehmen müsse.

Noch vor dem Lesen war ihm jetzt das Schwimmen bei jeder sich bietenden Gelegenheit die stärkste Erholung vom Schulalltag geworden. Um den Mittellandkanal von der Konstantinstraße aus zu erreichen, brauchte er keine zehn Minuten. Diese eiligen Fluchten an warmen Sommernachmittagen aus der Wohnung und dem ihm langweiligen Stadtteil waren die schönsten Stunden für ihn.

Gleichzeitig fing Heinrich in der neuen Schule zu bummeln an, kam zu spät, bekam Stockschläge, Strafarbeiten, musste auch mal nachsitzen. Er wurde verstockt, schließlich erkrankte er an einer zähen Bronchitis. Dr. Liepmann machte sich auf innige Bitten von Heinrichs Mutter von Linden aus auf den Weg an sein Bett, untersuchte ihn, schrieb ihn krank, verordnete ihm außer viel Salbei- und Pfefferminztee keine weiteren Medikamente, aber riet seiner Mutter, dass sich Heinrich nach seiner Genesung viel draußen bewegen solle und zwei Wochen lang der Schule fernbleiben müsse, er attestiere das. Es war Heinrichs vorerst letzte Behandlung durch den fürsorglichen Arzt.

Kirchröderstraße

»Komm mal her, Heinrich«, sagte seine Mutter, fasste mit ihren Händen seine noch zarten Arme, sah ihm ins Gesicht und fuhr fort: »Mein lieber Sohn, mein lieber Heinrich, dein Vater lebt nicht mehr. Aber du wirst bald einen guten bekommen, der für uns sorgt. Und weißt du, was besonders schön ist? Der heißt auch Heinrich, genau wie du.« Heinrich staunte, schaute sie etwas verwirrt an, aber sagte nichts. Nachdem der kleine Heinrich Engelhardt über zehn Jahre alt geworden war, heiratete Erna Frida Lina Engelhardt, nun dreiunddreißig, den etwas älteren Gärtner Heinrich Börner. Es war eine standesamtliche Eheschließung, für Lina kam keine kirchliche Trauung infrage, ihr künftiger Gemahl willigte ein.

Nach der Heirat hieß der Junge ebenso wie seine Mutter mit Familiennamen Börner. »Er hat meinen Vornamen, ich habe seinen Familiennamen. Ein gerechter Tausch«, sagte Heinrich danach zum Erstaunen seiner Mutter.

In der von ihrem Ehemann sogenannten Guten Stube fand die Hochzeitsfeier zu siebt statt. Seine Eltern fanden die Heirat mit Lina unter seinem Stand und wollten die künftige Gattin gar nicht erst kennenlernen. Dass er als gelernter Gärtner eine alleinstehende Mutter mit halbreifem Sohn ehelichte, fanden sie unmöglich.

Ihre Eltern aber kamen gern, gingen freundlich und unbefangen mit dem großen und dem kleinen Heinrich um. Ihr Geschenk war eine große Glasbowle mit passenden Gläsern dazu. Auch seine Schwester und ihr Ehemann, ein Maschinenschlosser bei der Hanomag, hatten sich eingefunden und dem Gärtner Heinrich zu seiner hübschen und tüchtigen Gattin beglückwünscht.

Seine Großmutter hatte dem Jungen über den Kopf gestrichen und gesagt: »Na, mein Kleiner, deinen Vater kennst du ja nicht, aber unsere Lina wird eine gute Mutter für dich bleiben, ganz egal wie es jetzt weitergeht.« Das klang komisch, fand Heinrich und verzog sein Gesicht.

Später erinnerte er sich nur noch daran, dass ihm gegen Abend furchtbar übel geworden war, weil er zu viel Kuchen gefuttert und mehrere Gläser Fassbrause getrunken hatte, um seine Aufregung unmittelbar nach der Eheschließung zu überdecken. Schließlich sollte er nun anders heißen und der neue Heinrich würde mit ihm zusammenwohnen und bei seiner Mutter schlafen.

Bereits im Herbst war seine Mutter mit ihm nach Kleefeld in die Kirchröderstraße gezogen. Heinrich gefiel die neue, etwas größere Wohnung, bloß Schwimmen zu gehen, das war schwieriger geworden als von der Konstantinstraße aus, wo er sich im manchmal etwas ölfleckigen Wasser des Mittellandkanals tummeln konnte. Wenn er nicht mit seiner Mutter in der Straßenbahn zu einem Freibad fahren konnte, blieb ihm nur der kleine, etwas modrige Annateich östlich der Eilenriede, des hannoverschen Stadtwaldes.

Schon in der Konstantinstraße hatte die Mutter mehrmals tagsüber Besuch von diesem noch fremden »Onkel« bekommen, der seiner Mutter oft Blumen und etwas Eingewickeltes mitbrachte und ihm manchmal eine Tafel Schokolade. Wenn sie eine Weile zu dritt in der Küche gesessen hatten, war Heinrich zum Spielen hinausgeschickt worden und hatte ein paar Groschen für Karamellen oder Eis in die Hand gedrückt bekommen.

Nun wohnten sie zu dritt in der Kirchröderstraße, der Gärtner verließ vor sieben Uhr die Wohnung und kam meistens spätnachmittags zurück. Wenn seine Mutter nicht etwas in einem Laden nebenbei verdiente, kümmerte sie sich um den Haushalt. Nach wie vor mochte sie kein Fleisch, aber den Jungen reizten zunehmend die sonntäglichen Bratengerüche, denn sie bereitete solche Mahlzeiten ausschließlich für ihren Gemahl zu, nicht für sich und ihren Sohn. Lange dachte Heinrich junior deshalb, dass das Wort Gemahl damit zu tun habe, eben weil die Frau dem Mann das Mahl zubereitet. Besonders die Gerüche von gebratener Wurst, gerösteten Zwiebeln und krossem Speck gefielen dem Jungen immer mehr, aber noch hielt er sich an die mütterliche Weisung, nichts von getöteten Tieren zu essen. Gebratene oder gekochte Eier hatte es schon in früheren Zeiten gegeben, da störte sie auch der Geruch nicht.

Aus dem Garten brachte ihr Ehemann seit dem Frühjahr reichlich Kohl, Petersilie, Dill, Liebstöckel, Schnittlauch, Bohnen und Bohnenkraut mit. Lina bereitete gut gedünstetes Gemüse zu, Suppen, verschiedene Kartoffelgerichte, viel Sauerkraut und eingelegtes Obst. Gutes, abwechslungsreiches Essen gab es nun immer, aber am Sonntag, auch weil der Gärtner zusätzliches Geld in den Haushalt brachte und darauf bestand, war nun regelmäßig Fleisch dabei.

Lina hegte die stille Hoffnung, dass sie ihren frisch erworbenen Gärtner Heinrich von teuren und ihrer Meinung nach unguten Fleischspeisen abbringen könne, da der ja von morgens bis abends nur mit Pflanzen, Blumen, Gemüse, Kräutern zu tun hatte, also alles andere als ein Viehzüchter war. Doch der hatte bei ihren Vorschlägen, seine Nahrungsweise zu ändern, jedes Mal den Kopf geschüttelt und ruhig gesagt: »Liebe Lina, du weißt doch, dass mir das schmeckt und ich dir dein Essen auch nicht vorschreibe.« Sie hatte schulterzuckend eingewilligt und weiterhin die von ihm gewünschten Gerichte zubereitet, aber so oft wie möglich besonders gut abgeschmeckte fleischfreie Speisen auf den Tisch gebracht.

Einen weiteren kleinen Konflikt hatte die anfängliche Benutzung der sogenannten Guten Stube ausgelöst, in dem letztlich ihr Gemahl Heinrich Linas Wunsch akzeptierte. Auf einer Wohnung mit einer solch gutbürgerlich einzurichtenden Stube hatte ihr Ehemann zunächst bestanden, auch wenn das teurer war als eine vergleichbare in Kleefeld mit nur zwei größeren Kammern und einer Wohnküche. Der Gärtner wollte, genau wie seine Eltern, einen Raum, der nur zu besonderen Gelegenheiten benutzt wurde. Es sollte etwas Separates in der Wohnung geben, weg vom Alltag, einen Raum, wo man Feste feiern konnte, besonders Ostern, Weihnachten, Silvester, Geburtstage, wo man mit Verwandten und Freunden gepflegt beieinandersaß. Für ihn sei das einfach selbstverständlich, betonte er Lina gegenüber.

Wie bei seinen Eltern üblich, so sollte sich das alltägliche Leben hauptsächlich in der Küche abspielen, wo gekocht, gegessen, gewaschen wurde und man sich auch ansonsten aufhielt.

»Das ist überhaupt nicht selbstverständlich mit deiner Guten Stube! Ich möchte hier mit dir und meinem Sohn wohnen und brauche keinen Tempel, den ich nur manchmal ehrfürchtig betrete.« Nach der mehrmals in normaler Lautstärke ausgetragenen Meinungsverschiedenheit konnte sie durchsetzen, dass dieser besondere Raum nicht abgeschlossen wurde wie üblicherweise bei den Familien. Sie sorgte nur dafür, dass sich ihr Sohn dort so wenig wie möglich aufhielt und sein eigenes kleines Reich, wie sie es nannte, seine Kammer eben, zum häuslichen Aufenthalt benutzte.

Die Stube war freundlich eingerichtet mit einem Sofa, Kissen darauf, einem Tisch, vier Stühlen mit geflochtenen Sitzflächen, einem Schrank mit gläsernen Türen, in dem einige Bücher standen und verschiedene Gläser.

Spitzendeckchen auf dem Sofapolster mochte Lina ebenso wenig wie Nippesfiguren. Einzig ein handgroßes Rotkehlchen aus Porzellan, das Heinrich mit in die Ehe gebracht hatte, stand neben einigen grünen Pflanzen auf dem Fensterbrett. Das gerahmte Gemälde mit viel grünem und buntem Wald, inmitten einer Lichtung ein röhrender Hirsch, hatte Lina akzeptiert, obwohl sie so etwas Auftrumpfendes lächerlich fand. Sonntagnachmittags legte sich ihr Mann jetzt gern auf das Sofa, wenn seine Frau noch in der Küche aufräumte und abwusch, wobei ihr der Sohn ganz selbstverständlich half. Andere, deren Sofa in der Wohnküche stand, mussten das mitansehen und das Geschirrklirren ertragen, er genoss seine Ruhe. Die Gute Stube wurde zu ihrer Zufriedenheit nicht mehr erwähnt.

Für den Gärtner Heinrich, sonst kein Kirchgänger, war ein evangelischer Gottesdienst an Feiertagen wie Weihnachten oder zu Ostern obligatorisch, weil so ein Feiertag etwas Besonderes war. Wie das dabei so zuging, erfuhr sein gleichnamiger Stiefsohn nur einmal.

»Du bist immer so schweigsam, Heinrich. Du musst mal hören, wie man gut zu den Leuten spricht, wie man sie wirklich für etwas begeistert. Da muss man nicht die Leute politisch aufhetzen gegen Linke oder Rechte. Ich habe da nämlich eine Idee. Du kommst heute am Karfreitag mal mit in die Kirche, deine Mutter hat nichts dagegen. Im

Gottesdienst predigt ein weit über unseren Stadtteil hinaus bekannter Pastor. Wir gehen da nachher zusammen hin. Du wirst staunen, ganz bestimmt.«

Mit unbehaglichem Gefühl betrat der junge Heinrich in Begleitung seines neuen Vaters zwei Stunden später den nüchternen Kirchenraum, der bereits fast gefüllt war, nahm neben dem erwachsenen Heinrich auf der Holzbank Platz und ließ dann alles stumm über sich ergehen, was sich vor dem Altar und dann von der Kanzel tat. Gesänge und Gebete hatte er schon früher vernommen, ohne dass sie ihn ergriffen hätten, und gelernt hatte er so etwas ja nie. Aber es sollte ja um das Predigen gehen, um das vorbildhafte Sprechen zu Menschen. Als der Pastor den runden Balkon der Kanzel erklomm, war Heinrich fast so gespannt wie bei einem Kinobesuch.

Mit einer bewundernswerten Stimme, die er übergangslos von leise und weich zu laut und hart verändern konnte, verkündete der Pfarrer: »Liebe Gemeinde! Jesus Christus zeigt uns heute am Karfreitag, wo Liebe ist, da ist auch Opfer. Das ist keine Liebe, die das Opfer scheut. Erst das ist wirkliche Liebe, die zu jedem, auch zum schwersten Opfer bereit ist, die alles hingibt und niemals sagt: Nun ist's genug. Gott ist die Liebe! Was bedeutet das? Es bedeutet: Er fordert Opfer. Er kann gar nicht anders, er muss sie fordern, weil er selbst die vollkommene Liebe ist. Er fordert die große Liebe, was unter Umständen heißt, sich selbst, das eigene Leben zu opfern.«

Von Liebe überhaupt hatte Heinrich bisher Verschiedenes, Geheimnisvolles, auch anscheinend Unanständiges gehört, worüber seine Mitschüler unter sich lachten. Die einzige, die er bisher verstanden und erfahren hatte, war die seiner Mutter zu ihm. Und er war sich völlig sicher, sie ebenfalls zu lieben. Alles Übrige erschien ihm rätselhaft.

Und nun das, sich aus Liebe opfern. Das war ihm neu. Wie könnte er sich für seine Mutter opfern? Im Gedicht »John Maynard« opferte sich der Steuermann für seine Passagiere, weil er für sie verantwortlich war und damit er sie vorm Untergang retten konnte. Das hatte er im Deutschunterricht gelernt, das hatte er verstanden. Ob er das machen würde, sich zu opfern, konnte er nicht beantworten. Aber der Fall mit dem brennenden Schiff war ihm völlig klar. Von Liebe war da allerdings keine Rede gewesen.

Der Pastor wurde nun lauter, mahnender: »Denkt immer daran, eure Pflicht gegen unser Vaterland zu erfüllen. Schon für die Männer des gewaltigen Römischen Reiches galt dereinst: ›dulce et decorum est pro patria mori‹. Das heißt nicht weniger als ›Es ist süß und ehrenvoll, für's Vaterland zu sterben.‹ Merkt euch das, ihr Mütter und ihr Frauen, mahnt eure Männer und Söhne, tapfer ihre Pflicht zu tun. Und auch ihr, die ihr noch keine Uniform getragen habt, merkt euch das, falls ihr später einmal Soldaten werdet, um uns vor den gottlosen Bolschewisten und anderen Feinden zu schützen, die unser Deutsches Reich ausbluten wollen!«

Heinrich hörte das und dachte an die letzte Schulstunde. Etwas Ähnliches hatte sein alter Lehrer für Geschichte und Heimatkunde verkündet, dabei seinen gewöhnlich halbgesenkten Kopf und dazu ein wenig seine Stimme erhoben: »Geht nicht achtlos an den Kriegerdenkmälern vorbei, die den Gefallenen zum Gedächtnis, den Lebenden zur Anerkennung und euch und euren späteren Nachkommen zur Nacheiferung errichtet worden sind.«

Während um ihn herum die Gemeinde sang: »Oh Haupt voll Blut und Wunden«, sah der in seine Erinnerung versinkende Heinrich ein steinernes Denkmal an der Humboldtschule vor sich, das er einmal genauer betrachtet hatte, als er noch in Linden wohnte. Unter einem flachen Reliefdreieck, in dem ein Mann mit hängendem Kopf saß, einen Helm zu den Füßen, stand durchweg in Großbuchstaben:

EUER LIEBSTES ZU ERRETTEN FALLT FREUDIG
WIE WIR EUCH EIN BEISPIEL GABEN
1914–1918

Wie vier Säulen nebeneinander folgten darunter die Namen von Männern, die er aber nicht gelesen und sich gemerkt hatte. Erst kürzlich hatte er verstanden, dass es bei solchen Rettungen nicht ums Hinfallen ging, wobei der Helm liegen blieb. Wenn er sein Liebstes, also seine Mutter, einmal würde retten müssen, reichte es nicht, freudig zu stürzen und seine Kopfbedeckung zu verlieren, was ihm ja auch sinnlos vorkam. Er würde sterben müssen. Freudig, das würde sie retten.

Alt-Warmbüchen

Die kleine Familie Börner wohnte nun in Alt-Warmbüchen etwas besser als vorher in Kleefeld. Der Gärtner hatte die Wohnung mit Unterstützung seiner Firma anmieten können, damit er schneller in der neuen Filiale am Ostrand Hannovers war. Heinrich war zu einer Art Vorarbeiter aufgestiegen, verdiente deutlich mehr als bisher und sollte mit dafür sorgen, dass er die anderen auf künftige Veränderungen des Betriebs einstellte. Das hieß, es gab mehr Spezialisierungen in Arbeitsbereichen, und die aufgewendete Zeit für einzelne Arbeitsschritte wurde genauer vorgegeben.

Hier in der neuen Wohnung in Alt-Warmbüchen waren die beiden Schlafkammern durch die Küche, die Wohnstube und einen kleinen Flur getrennt, lagen so weit auseinander, dass die nächtlichen Geräusche der sich Liebenden nicht den Schlaf des Jungen beunruhigten. Seine Kammer war fast drei mal vier Schritte groß und ließ ihn die Zurückgezogenheit in seinem Geviert genießen. Besonders Lina schätze es außerdem sehr, dass die Toilette auf halber Treppe links nur von ihnen benutzt wurde und sie sich nicht über andere, weniger reinliche Mieter ärgern musste.

Da ihr Sohn sich gern zurückzog und ganz ruhig für sich sein konnte, hatte sie ihren Gemahl dazu gedrängt, ihm einen kleinen Tisch zu besorgen, an dem er seine Hausaufgaben erledigen konnte. Der Tisch passte mit Stuhl so gerade in seine Kammer mit Bett, und als seine Mutter noch ein altes Hängeregal vom Bauern in Isernhagen beschaffte, konnte der Dreizehnjährige ein paar Schulbücher und anderen Lesestoff auf drei Brettern abstellen. Hatte er früher oft in der Küche gesessen, wenn er nicht draußen war, so zog er sich nun meistens in seine Kammer zurück, wo er ungestört Lernen und Spielen konnte, ohne sich jemals zu langweilen.

In der für ihn neuen Schule, in die sich Heinrich selbstverständlich erst wieder hineinfinden musste, standen die Sommerferien bevor. Der Klassenlehrer erging sich kurz davor mit Leidenschaft im Thema Heimat und versuchte, seine Schüler dafür zu begeistern.

»Wenn man sich mit den hiesigen Sitten und Bräuchen beschäftigt, wird die Liebe zur engeren Heimat auch die Liebe zum großen Vaterlande recht erstarken lassen. Man würdigt damit auch die Helden, die draußen für uns und unser teures Vaterland gekämpft haben, gelitten und sogar gestorben sind. Dafür ist es wichtig, dass ihr den Quellengrund beachtet und pflegt, auf dem ganz allein sich die Wiedergesundung unseres Volkes vollziehen kann: Volkstum in gesunder Sitte und sinnvollem Brauch. Ja, es gilt für uns alle, auf Sitte und Ordnung zu achten, kein zügelloses Treiben so wie in der Altstadt Hannover zu dulden, wo rechter Bürgersinn keine echte Heimstatt mehr hat.«

Heinrich wusste nicht, wovon der sich zunehmend erregende Lehrer eigentlich sprach, konnte bei Ausdrücken wie »altgermanisches Bauernland«, »Kernland deutscher Bauernkultur«, »Blut- und Boden-Heldengeschichten« nur ahnen, worum es ging. Zu den Sitten und Gebräuchen gehörten auch gemeinsames Singen und Volkstänze, um das zu retten, zu schützen und vor seinem Untergang zu bewahren, was noch aus Urväterzeiten stammt. Da Heinrich weder das eine noch das andere mochte und konnte, hörte er nur noch mit halbem Ohr zu, als der Pädagoge schloss: »Unser Deutschtum, die Eigenheiten unserer

Landschaft und ihrer Menschen, die aus Urväterzeiten, also der Väter unserer Väter, stammen, gilt es zu erhalten.« Als ob er eine Rechenformel vervollständigte, fügte Heinrich laut hinzu: »Und der Väter Väter Väter und deren Väter Väter!« Alle schauten ihn, den sonst Schweigsamen, verblüfft an, bis der Lehrer mit der Faust auf sein Pult schlug.

»Schluss damit! Sei still, Heinrich!«

Er schaute erst über die Klasse hinweg, dann schwenkte sein Blick nach unten und fixierte Heinrich: »Manche Familie hat ihre Erziehungspflicht nicht erfüllt. Und wenn ein Vater seine Pflicht zur Aufzucht eines deutschen Mannes nicht erfüllt oder erfüllen kann, auch mütterliche Strenge fehlt, wird das die schulische Erziehung kaum ausgleichen können. Aber das wird spätestens die soldatische Ausbildung leisten und dafür sorgen, alles Weichliche und Überflüssige aus euch Heranwachsenden verschwinden zu lassen.«

Heinrich war so still wie meistens, schaute auf sein Schreibheft vor sich auf dem Pult, während der Pädagoge nun ruhiger und beherrschter ankündigte: »Nach den Sommerferien wollen wir ein Buch unseres großen Heimatdichters Hermann Löns durchnehmen, der im letzten Krieg für uns alle gefallen ist. Das Buch handelt vom Dreißigjährigen Krieg, der vor langer Zeit auch hier sein furchtbares Unwesen getrieben hatte. Es ist eine Bauernchronik und heißt ›Der Wehrwolf‹, ganz einfach, weil darin ein Bauer Namens Wulf sich mit anderen gegen üble Feinde auf Leben und Tod wehrt. Wer will, kann das jetzt schon lesen und lernen, wie wichtig stete Kampfbereitschaft und männliche Härte sind.«

Der Gärtner Heinrich aß weiterhin gerne Fleisch, und der Geruch von Bratwurst hatte ihren Sohn endgültig auf den Geschmack gebracht. Es gab einen kleinen Streit zwischen

Heinrichs Mutter und dem ansonsten sehr friedfertigen Stiefvater ums Essen mit oder ohne Fleisch. Er wurde dabei weder laut noch beleidigend, bestand aber unbeirrt auf dem Sonntagsbraten und sonstigen Fleischgerichten. Als seine Frau schließlich maulte wegen des Fleischgestanks, wie sie meinte, sagte der Gärtner ganz ruhig zu Heinrich und seiner Mutter: »Also, solange ihr die Füße unter meinen Tisch steckt, werde ich essen, was mir schmeckt und was ich bezahlen kann, der Geruch gehört nun mal dazu. Also, esst, was ihr wollt, aber kommt mir nicht mehr mit stinkendem Fleisch oder so. Ich will davon nichts mehr hören. Also, guten Appetit allerseits!«

Mutter und Sohn schwiegen. Über derartige Essensgerüche sprachen sie nicht mehr, und im Sohn Heinrich reifte der Entschluss, möglichst bald ebenfalls um Fleisch und Bratwurst zu bitten. Als das geschah, sagte sie bloß: »Schade«, zuckte mit den Schultern, sah ihn traurig an, aber am nächsten Tag briet sie für Heinrich und Heinrich zwei unterschiedlich große schmackhafte Hackfleischbällchen mit Kohlrabigemüse und Salzkartoffeln. Künftig aß ihr Sohn alle Fleischgerichte mit, deren Verzehr sich Lina weiterhin enthielt, obwohl sie sie sorgfältig zubereitete.

Gelegenheiten zu finden, ausgiebig zu schwimmen für Heinrichs Bewegungsgenuss, wurde immer schwieriger. In der Nähe, zwischen Alt-Warmbüchen und Isernhagen, floss der träge Bachlauf der Wietze, aber ihr Wasser war meistens zu niedrig und begann bei anhaltend sommerlichen Temperaturen, sumpfig zu riechen. Nur zum Baden in frühen Junitagen bei noch ausreichender Füllung und leichter Erwärmung war dieses Gewässer durchaus geeignet für mehrere Schwimmzüge.

Weiter nördlich von diesem schmalen Gewässer half seine Mutter zeitweise bei einem Milchbauern in Isernhagen aus, fuhr mit ihrem Fahrrad zu seinem Hof, wenn seine kränkelnde Frau mal wieder bettlägerig war. Heinrichs leiblicher Vater, der verheiratete Bauer in Everloh, hatte ihr diese Arbeit bei seinem Bekannten vermittelt. Ein Teil ihrer Entlohnung, die sowieso nie amtlich war, bestand aus einem Liter Milch pro Tag, zwei Eiern und manchmal einer Tüte Kartoffeln. In einer emaillierten Kanne, fest mit einem Deckel verschlossen, hing sie den Behälter an die Lenkstange, darauf achtend, dass er nicht zu heftig schaukelte und die Milch überschwappte. Besonders wenn sie im Winter am frühen Abend diese gute Viertelstunde nach Alt-Warmbüchen zurückrollte, musste sie aufpassen wie ein Luchs, da ihre Karbidlampe die Fahrbahn nur schwach ausleuchtete und Hindernisse wie Zweige oder Schlaglöcher nicht so nebenbei auszumachen waren.

Mit Beginn der Sommerferien arbeitete Heinrich morgens als Laufbursche bei einer Bäckerei, um Brötchen für die Bessergestellten auszutragen. Nachmittags lieferte er auch einige Male mit einem Firmenrad Brote, Kuchen und andere Waren aus. Da ihm diese Arbeit nach zwei Wochen zu langweilig wurde und sich ihm auch keine Möglichkeit einer späteren längerfristigen Einstellung oder gar Lehre bei diesem Bäcker bot, nahm ihn seine Mutter von nun an gern mit zum Gehöft im Nachbarort Isernhagen. Sie hatte vorher mit einem Einwohner in der Dammstraße zäh verhandelt und für zehn Reichsmark dessen altes Klapperrad für ihren Sohn erworben. So radelten sie beide erstmals an einem Morgen um sieben zum Bauernhof in Isernhagen.

Der Bauer war von Anbeginn freundlich gegenüber Heinrich, und der erwies sich als sehr neugierig und anstellig, fütterte mal die Hühner, gab den Schweinen zu fressen. Hühner erheiterten ihn, er mochte ihr Gackern und das gemütliche leise Knarren, wenn sie offenbar zufrieden waren. Am meisten aber beschäftigten ihn die Kühe, weil die es ja waren, von denen die begehrte Milch kam. So begann er in den Sommerferien 1932 auf dem Bauernhof in Isernhagen, das Melken zu erlernen. Seine Mutter nahm ihn fast täglich mit dorthin, er roch die Mischung aus Kuhdung, Stroh und Milch immer lieber, je öfter er sich auf dem Hof betätigte oder nur herumlief. Besonders gern war er bei den Kühen auf der Weide, erfreute sich an ihrer Ruhe, Gelassenheit, und natürlich an dem, was man ihnen abzapfte, sowie an allem, was daraus Schmackhaftes hergestellt werden konnte.

Der Bauer schätzte Heinrich, weil der ganz dabei war, wenn er etwas tat, und nicht herumnölte oder sich langweilte, sondern sich ohne viele Worte nützlich machte. »Es gibt immer wieder Spreu im Weizen? Ach was, Blödsinn. Die meisten Menschen sind Spreu. Aber es gibt immer wieder einzelne Körner im Spreuhaufen«, sagte dieser kinderlose Bauer, wenn ihn jemand erfreute. Oft geschah das nicht. Heinrich hielt er für ein gutes Korn, auch wenn er ihm so etwas sagte wie: »Dafür kannst du ja nichts, dass dir der Vater fehlt, eine richtige Familie, in der du zum Mann erzogen wirst. Aber wenn du erst einmal arbeitest und dann vielleicht Soldat wirst, kann das nachgeholt werden. Du wirst dich noch wundern, wie schnell das geht.«

Während der Ferien übernachtete Heinrich sogar manchmal bei diesem Bauern in Isernhagen, wobei ihm viel freie Zeit zum Umherstreifen blieb. Aber das Beste für Heinrich war, als ihm der Bauer endlich das Melken zeigte. »Immer schön die Zitzen im Wechsel melken. In jeder Hand eine. Immer ganz ruhig mit beiden Händen eins, zwei, eins, zwei, ganz rhythmisch mit festen Fingern, aber nicht hart. Und immer aufpassen, was die Kuh macht, merken, was sie vorhat«, prägte er dem Jungen ein, als der es versuchten durfte.

Franz war der erste echte Vagabund, kein Tramp, keine Filmfigur, den Heinrich kennenlernte. Der große Bärtige mit langem Haar und Stoppelbart kam an den Rand der Kuhweide. Er roch nach Schweiß, Staub, Zigaretten und ein bisschen nach Maggi oder Liebstöckel. Er zog seinen breitkrempigen Hut, schwenkte ihn zur Seite und sagte nach einer angedeuteten Verbeugung: »Ich bin Franz, Euer Gnaden.« Heinrich lachte und erwiderte glucksend: »Ich bin Heinrich.« Er suche eine Bleibe für die Nacht, sagte der Fremde, wie denn der Bauer so sei? Heinrich war fasziniert von Franz, strahlte ihn an und nickte nur. Franz setzte sich auf einen großen Findling am Rand der Weide, drehte sich eine Zigarette und sagte halblaut, als er sie sich zwischen die Lippen geschoben hatte: »Ich war im Krieg, mein Kleiner, ich habe welche umgebracht. Will ich nicht mehr, ist Scheiße. Mach das bloß nicht. Jetzt ziehe ich umher, arbeite mal hier, mal da. In einen Industriebetrieb oder gar in eine Uniform kriegt mich keiner mehr.« Franz sprach von einem Gregor Gog, der vor einigen Jahren die »Bruderschaft der Vagabunden« gegründet hatte und sogar eine Zeitschrift herausgab. Er zog sie aus seinem grauen Rucksack und zeigte sie ihm, sie hieß »Der Kunde« und war ein schlicht aufgemachtes Druckwerk, dessen Seiten er Heinrich nur zeigte, aber in der Hand behielt. Franz wollte nichts von den üblichen abfälligen Bezeichnungen für Leute seinesgleichen wissen wie Landstreicher oder Penner, sondern er war ein Kunde. Für Heinrich waren solche Unterschiede nicht nachvollziehbar, da er von Politik und sprachlichen Gemeinheiten nichts verstand und verstehen wollte. Das freie Herumreisen, das Fehlen jeglicher

Uniformen und Chorgesänge dabei gefielen ihm hingegen außerordentlich gut.

Heinrich ging mit Franz auf den Hof, suchte den Bauern auf und sagte ihm ganz selbstbewusst, dass Franz, der Herumziehende hier, unbedingt irgendwo schlafen müsse. Der Landwirt musterte Franz von Kopf bis Fuß und wies mit einer Kopfbewegung auf die Scheune, in welcher der Vagabund eine Nacht schlafen dürfe. Sie sehe vertrauenserweckend aus, meinte Franz, wie eine hingekauerte schwarzbunte Kuh.

Die Scheune war ein kleines Gebäude mit fast quadratischem Grundriss, etwa zweieinhalb Stockwerke hoch, mit einem sich bis auf Mannshöhe herunterziehenden Dach, einem vorkragenden Giebel mit senkrechten Brettern verschalt, unter dem sich wenige dunkle Fachwerkbalken von den gekalkten Flächen abhoben, die wie romanische Bögen wirkten, weil sie im oberen Teil mit schwarzer Farbe gerundet waren, in der Seitenwand ließen zwei kleine Fenster Licht hinein. Franz atmete nach eingehender Betrachtung seines Nachtquartiers hörbar auf und erzählte, als sich der Bauer entfernt hatte: »Leute wie ich müssen sich nach Kräften um ein Obdach bemühen, sonst werden wir eingeknastet. Früher lief das dabei meistens noch ganz passabel ab. In Hannover gingen jahrelang Hunderte von uns sogar freiwillig in das dortige Polizeigefängnis, weil sie einfach keine dauerhafte Bleibe fanden. Heutzutage macht das keiner mehr freiwillig. Wenn du in den Polizeiknast gerätst, wirst du erst einmal verprügelt, mancherorts quälen die dich länger, bis du wieder rauskommst. Wenn du rauskommst! Mehr sage ich dir nicht.«

Franz nahm seinen Rucksack wieder auf und ging zu Scheune hinüber. Kurz danach kam der Bauer zurück in den Hof, ging zu Heinrich und berichtete ihm etwas schleppend: »Neulich waren andere da, solche Wandervögel, sechs an der Zahl. Die kamen von Wunstorf. Die schmetterten beim Einmarsch ein Lied mit Wilden Gesellen, sangen von Lumpen und Loden, sahen dabei aber sehr manierlich aus. Ja, die kamen regelrecht auf den Hof marschiert, sagten dann aber nicht guten Tag oder so, sondern grüßten mich mit ›Heil!‹ Alle hatten das Gleiche an: Fahrtenhemd, kurze Lederhosen, Tornister auf dem Rücken, dazu so eine altdeutsche flache Mütze auf dem Kopf, die sie Barett nannten. Und alle trugen ein Messer am Gürtel, ein Fahrtenmesser sei das, keine Waffe. Ihre Kluft nannten sie das Ganze. Die sahen also ganz ordentlich und ähnlich aus, die wollten auch nur frisches Wasser für ihre Feldflaschen. Einen hatten die, der ganz klar das Wort führte, den sie ein bisschen großspurig ihren Führer nannten. Der erklärte mir auch ganz beflissen ihre Kluft und meinte außerdem, dieses ›Heil‹ sei ein guter Wunsch. Bei ihnen soll alles ganz natürlich und germanisch zugehen. Na, meinetwegen, die haben ja keinen Ärger gemacht! Hier, das bedruckte Blatt hat er mir gegeben, das ist von Ernst Jünger. Du kannst ja gut lesen. Also mach mal.«

Heinrich tat es, wie immer fehlerlos, unbetont und unrhythmisch:

Noch eh' der erste Hahnenschrei verklungen,
Erhebt der Wandervogel sich vom Stroh,
In seinen klaren Augen blitzt es froh,
Denn heute wird gewandert und gesungen.

Der Bauer nickte halbwegs zufrieden und fügte hinzu: »Na ja, ein Poet bist du ja nicht gerade, gar nicht schlimm. Aber der da hinten in meiner Scheune, dieser Bärtige, der gehört bestimmt nicht zu solchen Wandervögeln. Das ist eher so ein Tippelbruder. Scheinst dich ja gleich mit ihm angefreundet zu haben. Meinetwegen kann der eine Nacht in der Scheune schlafen, kriegt auch nachher was zu essen, muss nur statt meiner Frau ein paar Wassereimer in den Gemüsegarten hinübertragen, damit nicht alles verdorrt. Sie ist momentan zu kränklich für so was und deine Mutter ist grad nicht da.«

Abends, nach dem Essen, ging Heinrich zu Franz, der bei der Scheune auf einem Stein saß, weil er hoffte, noch mehr über dessen Leben als Kunde zu erfahren. Stattdessen hörte Heinrich ein neues Lied von ihm. Franz sagte: »Du bist ein feiner Kerl, Heinrich. Ich singe dir mal leise was vor:

Wo der Wind weht, der Wind weht,
Da bin ich zu Haus,
Da fahr ich die Straßen
Jahrein und jahraus.

Auf der Straße, der Straße
Ist alles voll Staub,
Da tragen die Bäume
Kein grasgrünes Laub.

Die nächste Strophe singe ich hier ganz leise. Die darf der Bauer keinesfalls hören:

Von dem Staube, dem Staube
Da werd' ich nicht satt,
Ich weiß, wo der Bauer
Die Wurst hängen hat.

»Warum soll der Bauer das nicht hören? Der hat doch selbst die Wurst hingehängt. Das ist doch nicht schlimm, dass ihr beide das wisst.«

»Doch, der Bauer soll nicht wissen, dass ich das weiß. Und die letzten zwei Strophen singe ich trotzdem, auch wenn du sie noch nicht ganz verstehst:

In dem Busche, dem Busche
In Gras und in Kraut
Da leben wir lustig
Als Bräut'gam und Braut.

Denn ein Mädchen, ein Mädchen
Wie Milch und wie Blut
Die fand ich an der Straße,
Und die ist mir gut.

»Milch und Blut zusammen gefällt mir nicht. Im Busch ist es mir zu kalt. Hast du das gedichtet?«

»Nein, Hermann Löns, der Heidedichter, schon lange tot. War auch im Krieg.«

»Ach, der. Wir sollen in der Schule sein Buch lesen. Das heißt ›Der Wehrwolf‹. Da ist Krieg, vor dreihundert Jahren. Und einer wehrt sich wie ein Wolf.«

»Krieg ist fürchterlich, Kleiner. Lass dir nichts erzählen. Um mich haben Leichen gelegen. Ich habe bestimmt auch getötet. Gut war da gar nichts.«

Heinrich bat Franz, die Strophen noch einmal zu singen, damit er es im Kopf behalten könne. Franz sang es erneut, diesmal insgesamt ganz verhalten.

Das Lied beschäftigte Heinrich noch, als er schon im Bett lag. Das mit der Straße reizte ihn, das mit der Wurst verstand er, aber dass dem Wandernden ein Mädchen gut sein soll, und sie im Busch als Mann und Frau lebten, schien ihm doch recht ungemütlich zu sein.

Heinrich wurde einige Wochen später an einem kühlen Morgen besonders früh wach, geweckt von einem grässlichen Quieken, wohl weil ein Schwein ungewohnt früh aus dem Stall gezerrt wurde. Das dauerte aber nur wenige Augenblicke, dann war es still. Er hatte wieder einmal auf dem Hof in Isernhagen übernachtet und die Erlaubnis seiner Mutter bekommen, am Schlachten teilzunehmen. Heinrich war neugierig geworden, weil der Bauer dieses bevorstehende Ereignis erwähnt hatte. Seine Mutter hatte es nach längerem Zögern zugelassen, dass ihr Sohn dabei sein würde. Er sollte abgeschreckt werden davon, war ihre Überlegung gewesen, und vielleicht dadurch wieder vom Fleischessen lassen.

Heinrich zog sich fröstelnd an und ging in die Küche, wo gerade niemand war. Am Tag zuvor hatte die wieder genesene Bäuerin mit einer Magd große Platten Butterkuchen gebacken und mit dem Blech auf einen Küchentisch gelegt, sodass sich jede und jeder davon nehmen konnte. Es war noch genug auf dem Tisch, daneben stand erfreulicherweise die große Kaffeekanne, sodass Heinrich sich bedienen konnte, bis er genug gegessen und getrunken hatte.

Als er aus dem Haus ging, sah er, wie das getötete Schwein, an einem Haken aufgehängt, mit kochendem Wasser abgebrüht wurde. Es war anfangs gruselig für ihn zu sehen, wie der Körper des Tiers geöffnet wurde, ihm nacheinander alle Innereien entnommen wurden. Während es abkühlte, kam der Fleischbeschauer und überprüfte das Geschlachtete insbesondere auf Trichinenbefall oder Bandwürmer, wie er Heinrich auf dessen Nachfrage mitteilte.

Dann machte der Schlachter Mett, indem er fette und magere Stücke von oben in einen großen Fleischwolf drückte, wobei er dessen Kurbel kräftig drehte, sodass unaufhörlich Bündel von rot-weißen Würmern aus dem Gerät krochen und in eine große Emailleschüssel fielen. In der Waschküche kochte die Bäuerin unterdessen in einem mächtigen Topf Blut, Speck, Fleisch mit Pfeffer, Salz und Majoran für die Blutwürste. Draußen wurden zur gleichen Zeit mit kochendem Wasser die Därme gereinigt, die schon Stunden später Hüllen für verschiedene Würste wurden. Ein seltsamer Gestank breitete sich beim Entleeren und Ausspülen der blassen Darmschläuche in den Gully aus, ein freundlich-würziger bei Befüllen derselben. Diese einzigartige Mischung von manchmal appetitlichem, dazwischen abstoßendem Geruch sowie die durchweg gute Laune der Akteure dabei beeindruckten Heinrich zutiefst. Was nun in einer Vielzahl von Därmen stak, das würde man später essen, roh oder abgehangen, geräuchert, gebraten, gekocht. »So machen wir aus Scheiße Gold, Kleiner, sieh es dir genau an«, sagte ein Knecht zum staunenden Heinrich.

Zwischendurch rauchten einige Männer, tranken Bier, erzählten von riesigen Schweinen, misslungenen Würsten und geizigen Bauern. Besonders der Schlachter, der durch viele Häuser kam, wusste viel Neues zu berichten. Ab und zu kam noch ein klarer Schnaps in die Kehle, der löste die Zunge noch mehr, und so wurde in kleinen Pausen eifrig über Dorfgeschichten geklatscht und über das Weltgeschehen geredet und spekuliert.

Das Wurstmachen ging bis in die Morgenstunden. Gemolken musste dann zwischendurch werden, die Kühe konnten als Einzige nicht warten, bis man mit dem Schwein fertig war. An diesem zweiten Schlachtfesttag gab es besonders gut zu essen und auch zu trinken, aber Heinrich hatte kaum Schlaf gefunden und fiel nach dem

Abendessen wie tot in sein Bett, träumte danach seltsam Bedrückendes mit Fleischwolf und Wehrwolf.

Feierlich erhob der Deutschlehrer seine Stimme: »Liebe Schüler, es ist etwas sehr Erfreuliches im Gange. Es gibt Bemühungen um ein örtliches Wappen, in dem Hermann Löns und sein Wehrwolf symbolisch für uns stehen sollen und das unserer Heimat Alt-Warmbüchen gewiss zur Ehre gereichen dürfte. Denn was im Buch ›Der Wehrwolf‹ steht, das hat seinen tatsächlichen Schauplatz im Kreis Burgdorf gehabt. Die Schlacht im Bruchgebiet, aus der Wallburg heraus gegen die Schweden geführt, das, müsst ihr euch vorstellen, hat sich einst wirklich hier, in unserer Heimat, ereignet. Anführer war damals ein Bauer mit Namen Wulf, einem plattdeutschen Wort für Wolf, wie ihr euch denken könnt. Es wird in diesem unserem Wappen Alt-Warmbüchen auf jeden Fall ein züngelnder schwarzer Wolfskopf und daneben eine Wolfsangel gezeigt.« Dann zeichnete der Lehrer mit Kreide eine Wolfsangel auf die große Wandtafel, die wie ein liegendes langes Z mit senkrechtem Querstrich aussah. Der Lehrer erklärte mit dramatischer Stimme weiter: »Nun passt auf, Kinder! Wolfsangel heißt sie deshalb, weil sie an einem spitzen Ende in einen Baumstamm eingeschlagen wird, während das andere spitze Ende mit einem Stück Fleisch verdeckt wird. Wenn nun der Wolf hochspringt und gierig in den Köder beißt, verhakt sich das Eisen dabei in seinem Gaumen und er bleibt hängen, bis er gefunden wird oder krepiert.«

Sehr befremdet hatte Heinrich zu Hause im »Wehrwolf« gelesen, wie so an die hundertfünfzig schwedische Soldaten von listigen und gut gelaunten einheimischen Bauern unter Führung eines Mannes namens Wulf niedergemacht wurden, auf spitzen Pfählen verendeten, von

Kugeln niedergestreckt und, nachdem sie massenhaft von Bienen, die bei Löns Immen hießen, zusammengestochen worden waren, schließlich mit Bleiknüppeln erschlagen wurden. Hier war ein Wolf also nichts Böses, sondern ein gepriesener Held.

Heinrich hatte sich zweimal gewundert. Wieso war der Wolf ein Vorbild, wenn doch die Wolfsangel einzig zu seinem Tod gemacht worden war und trotzdem diese Wolfsangel ein gutes Zeichen für Löns sein sollte? Und dann schien ihm die Schlacht samt der sonstigen Grausamkeiten im Buch zu einem anderen Löns gehören als zu dem, dessen Lied der pfiffige Kunde oder Vagabund Franz ihm vorgesungen hatte. Doch es gab nur diesen einen Hermann Löns, hatte ihm seine Mutter versichert, der habe eben mal so, mal so geschrieben.

Im Unterricht waren die Jungen aufgefordert worden, nacheinander kurze Abschnitte vorzulesen, wobei sie sich oft vor Aufregung versprachen, aber der Lehrer verbesserte sie ungewohnt mild. Als der letzte von ihnen lauter werdend aus dem Buch »Slah doot, slah doot, all doot, all doot!« gelesen hatte, gebot der Lehrer Ruhe, während sich Heinrich noch wunderte, das Platt nun doch im Deutschunterricht gesprochen werden durfte. »Was nun im Roman kommt, ihr Knaben, singen wir alle gemeinsam«, gebot er. Ohne Heinrichs Stimme – der bewegte mal wieder bloß die Lippen – erscholl mit dem vergeblich einen gleichmäßigen Takt vorgebenden Arm des Lehrers: »Nun danket alle Gott mit Herzen, Mund und Händen!« Heinrichs Mitschüler sangen drauflos, misstönend, aber begeistert.

Dammstraße

Kaum hatte sich Heinrich nach seiner langen Lindener Zeit an die verschiedenen, für ihn kurzzeitigen Umgebungen danach gewöhnt, jeweils zögerliche Kontakte zu neuen Spielkameraden aufgenommen, musste er zum vierten Mal mit seiner Mutter und ihrem Gärtner umziehen. Nun ging es mitten im Winter von der ländlichen Kleinstadt im Nordosten Hannovers hinein in das Zentrum der grade besonders unruhigen Großstadt, genauer in die Dammstraße 17. Als Gründe dafür erfuhr der Dreizehnjähre, dass seine Mutter lieber im Zentrum wohnen würde und sein Stiefvater besser zu seiner neuen Arbeitsstelle kommen könne. Der innenstadtnahe Betrieb, in dem Linas Ehemann sein Geld verdiente, war vom Eigentümer mehr auf Landschaftsgärtnerei umgestellt worden und bewirtschaftete nur noch wenige Beete mit Blumen, Gemüse und Kräutern. In den Parks Hannovers, die es zu pflegen galt, war der Gärtner Heinrich nun oft unterwegs, und er erhoffte sich einen dauerhaften Arbeitsplatz, da die Firma wahrscheinlich bei geplanten städtischen Grünanlagen eingebunden werden würde, wie der Betriebschef der Belegschaft verkündet hatte.

Mit seinem Stiefvater, der zwar eigensinnig, aber meist umgänglich und ausgeglichen war, kam Heinrich ganz gut zurecht, auch wenn sie sich gewöhnlich nicht viel zu sagen hatten. Sie bewohnten im dritten Stock eine geräumige Küche, zwei unterschiedlich große Kammern, einen schmalen Flur, eine kleine Stube und hatten das

Klosett auf halber Treppe wieder für sich allein. Hinzu kam ein kaum benutzbarer, feuchter Keller, wo die Kartoffeln schnell faulten und die Kohlen oben in der Küche erst zwei Tage im Eimer liegen mussten, bis man sie fast ohne Qualm verfeuern konnte. Bei seiner Mutter und ihrem Gemahl blieb Heinrich wohlgelitten, bekam auch wieder seine eigene, diesmal leider engere Bettkammer, in welche die spärliche Einrichtung mit Bett, Tisch, Stuhl und Wandregal für seine Bücher gerade so Platz gefunden hatte. Im breiten Bett in der anderen, etwas geräumigeren Kammer, schliefen die beiden Erwachsenen. Heinrichs Mutter bestand nach wie vor darauf, dass die helle Wohnstube alltäglich genutzt wurde, nicht nur zu besonderen Gelegenheiten. Dazu musste dieser Raum im Winter auch geheizt werden, was das Wohnen verteuerte. Aber Heinrich, der umgängliche Gärtner, genoss es zunehmend, nicht im Küchenmief zu sitzen, stattdessen auf bequemen Polstermöbeln Feierabend und Sonntag genießen zu können. Sein Lohn und das Geld, das Lina durch verschiedene Nebeneinnahmen in den Haushalt einbrachte, ließen sie jetzt ohne finanzielle Sorgen leben.

Wenn Heinrich es nur irgendwie anstellen konnte, war er nach der Schule und der Erledigung seiner Hausaufgaben draußen. Seine Mutter, die jetzt im Januar tagsüber öfter die Fenster aufriss, um den bitteren Kohleofengestank wenigstens zeitweise loszuwerden, ermunterte ihn dazu. Unter ihnen hustete ein Mann besonders morgens sehr heftig, und man nahm an, dass er wie so viele andere an Tuberkulose litt. Das Motto »Licht, Luft und Sonnenschein lasst zum offenen Fenster ein«, das vom berühmten Arzt Robert Koch stammen sollte, wiederholte sie gern. Heinrich, der empfindliche Atemwege hatte, sollte deshalb auf keinen Fall ein Stubenhocker werden.

Zum Jahresbeginn 1933 überzog eine Grippeepidemie, von Norden kommend, ganz Niedersachsen. Viele in der Altstadt wurden krank, einige Ältere starben. Auch Heinrich hatte es erwischt, er ging nicht zur Schule, lag fiebernd im Bett. Seine Mutter fuhr mit ihrem Rad nach Linden, bat Dr. Liepmann, nach ihrem Jungen zu sehen. Und er kam tatsächlich, war wortkarger als sonst, aber untersuchte Heinrich sehr gründlich, verordnete viel Tee und nasse Wickel um Hals und Waden. Schon als es ihm nur ein bisschen besser ging und die fiebrige Benommenheit gewichen war, aber er noch meistens im Bett lag, versuchte Heinrich, so viel zu lesen, wie er nur konnte.

Vom ihm so widersprüchlich erscheinenden Hermann Löns wurde in den Buchhandlungen Hannovers von »Mümmelmann« bis »Wehrwolf« eine Auswahl angepriesen, und der Autor wurde hier fast so verehrt wie Wilhelm Busch. Und von dem, nicht von Löns, hatte ihm seine Mutter ein dickes Buch mitgebracht. Heinrich las die Verse und betrachtete die Bilder vergnügt, und viel von dem, was er da sah, prägte sich ihm ein, auch wenn er politische Anspielungen meist nicht verstand. Manches aus dem bäuerlichen Leben in den Bildgeschichten erkannte er wieder, aber wenn Max und Moritz in einer Mühle zermahlen wurden, wunderte es ihn, der ja ein Schlachtfest erlebt hatte, dass auf diesen Zeichnungen kein Blut abgebildet war.

Die Zeichnungen und die komischen Reime begeisterten Heinrich immer wieder. Sogar über das, was ihn sonst bedrückte, die bösen Taten und der Tod, musste er beim Lesen manchmal etwas lachen. An die Verse über Max und Moritz oder den Raben Huckebein konnte er sich, trotz ihres jeweiligen üblen Endes, mit Vergnügen erinnern. Als er sich nach seiner Genesung einmal im Deutschunterricht meldete und fragte: »Herr Lehrer, warum lesen wir nichts von

Wilhelm Busch?«, bekam er zur Antwort. »Weil der Ideale ins Lächerliche zieht und Schindluder mit der Ehre treibt.« Heinrich hätte gerne erfahren, was ein Schindluder war, wollte aber an diesem Schultag keine zweite Frage stellen.

Das viel gelesene Buch von Walter Flex »Der Wanderer zwischen zwei Welten«, das im Weltkrieg spielen sollte, interessierte ihn auch nicht, obwohl zwei Mitschüler davon schwärmten und deshalb so bald wie möglich Soldat werden wollten. Das waren die beiden, die den ruhigen Heinrich eine Transuse nannten.

Unten, gleich um die Ecke, auf dem Ladenfenster vor den Zigarren und Tabaken, klebte eines Morgens ein großes Plakat. Heinrich überflog bloß das Fettgedruckte, um den groben Zusammenhang zu verstehen:

Warum geschlossen?
internationale Judentum
boykottiert
Deutschen Volk
Landesverrat!

Das sah in dieser Ordnung wirr für ihn aus, nach völlig fehlerhaftem Deutsch, falls es auch bei Buchstaben galt, dass die Dünnen nicht so wichtig wie die Fetten waren.

Als es schon dunkel war, vernahm Heinrich näher kommenden Lärm von durch die Stadt Marschierenden und ging widerwillig hinunter an die Straße, um sich das anzusehen. Monotones Trampeln der Stiefel, Gesänge, Begeisterungsrufe, viele halbhoch gestreckte Hitlergrüße beim Vorbeimarsch der SA, wobei nicht alle am Straßenrand den rechten Arm hoben. Ohne diagonalen Sturmriemen marschierte es sich für die wohl nicht, bemerkte Heinrich, dem dessen Bedeutung nicht einsichtig war.

Einige Tage später betrachtete er eine Gegendemonstration der SPD. In deren etwas lockerer Formation trugen viele runde Mützen, keine Schirmkappen, keine Helme. Er hatte sie zum letzten Mal gesehen, als sie gegen die Ermordung zweier Reichsbannerleute durch Nationalsozialisten am Lister Turm protestierten. Neben den Zeitungsberichten darüber breiteten sich Gerüchte über weitere Ermordungen von Sozialdemokraten aus, widersprechende Meinungen zum Brand des Berliner Reichstagsgebäudes, horrende Zahlenangaben von im Reichsgebiet vorgenommenen Massenverhaftungen.

In der Tageszeitung sah er ein Hitlerbild, eine Fotografie, auf der der Oberlippenbärtige wie ein Wanderbursche gekleidet war, mit Kniestrümpfen, Lederhose und Filzhut in einer ähnlichen Pose wie in den Abbildungen vom schon lange verblichenen Löns im Buchgeschäft.

Alle bisherigen Wohnorte am Stadtrand hatten Heinrich besser gefallen als das traditionelle Zentrum Hannovers. Große, alte Häuser standen hier, mehrere Stockwerke hoch, dicht an dicht gedrängt. Während es draußen besonders nach fauligem Wasser und Auspuffgasen stank, war es in den Treppenhäusern und Hausfluren eher unbestimmt muffig, wenn nicht gerade aufdringliche Kohlschwaden oder dumpfer Kochfisch von seinem Geruchssinn identifiziert wurden. Draußen huschten in der Dämmerung Ratten durch löchrige Kellerfenster, an flachen Stellen der Leine liefen sie auf der Suche nach Genießbarem sogar tagsüber ganz ungeniert am Ufer entlang.

Äußerlich waren es ansehnliche stolze Bürgerhäuser in der Dammstraße, doch Wohlhabende oder Saturierte, wie seine Mutter sie nannte, bevorzugten dieses Viertel schon lange nicht mehr. Die Gebäude waren bis zum

Dachgeschoss mit oft kinderreichen Familien überfüllt, in denen man sich jeweils zu zweit ein Bett teilte, nicht selten noch Untermieter hatte, um die Wohnungsaufwendungen bezahlen zu können. Einige Väter waren zudem wohl erwerbslos, bekamen bestenfalls Geld vom Arbeitsamt. Wovon so manche der Wohnungsnachbarn lebten, war Heinrichs Eltern – er nannte sie nun öfter Eltern, weil es am einfachsten war – unklar und ein Thema für Spekulationen. Dass sich nicht wenige bessere Tage von diesem Hitler erhofften, machten sie unmissverständlich klar, indem sie Hakenkreuzfahnen unter ihren Wohnungsfenstern aushängten.

Heinrich wollte freier leben als hier, wo sich nach seinem Empfinden alles bedrückend aufstaute, wollte weg von seinen anderthalb Eltern, wie er sie auch schon mal für sich nannte. Aber am stärksten war sein Wunsch, dieser Altstadt zu entkommen, ihrer Enge, ihrem Lärm, den ihm uneinsichtigen Aufmärschen von gleich gekleideten Männern, die dröhnend brüllten, Angst machen und Eindruck schinden wollten.

Vor diesem Stadtteil, dem Kern der preußischen Provinzhauptstadt Hannover, ekelte es ihn manchmal so wie vor noch keiner der bisherigen Wohngegenden. An die Düsternis zwischen den Häusern, deren Schimmelgeruch und den unvermeidlichen Abortmief zwischen den Etagen konnte und wollte er sich nicht gewöhnen.

Fast wünschte er sich, doch Arbeiter bei Hanomag oder der Continental Gummifabrik zu werden und in die diesen Fabriken nahen Stadtteile zu ziehen, wenn er nicht damals auf dem Bauernhof in Isernhagen gewesen wäre. Wenn da nicht der gelassene, freundliche Bauer mit seinen Milchkühen und ruhigen Weideflächen gewesen wäre. Aber der brauchte keinen Melker, einen unerfahrenen wie ihn schon gar nicht, denn der hatte seinen Knecht und seit Kurzem eine Magd, und wenn es eng wurde, half jemand aus der Nähe aus, denn für Lina lag Isernhagen nun zu weit von der Dammstraße entfernt.

Schon der häufige Anblick eng sitzender Uniformen bedrückte Heinrich, ebenso die Märsche, deren Mechanik ihm die Ahnung von etwas Furchtbarem in den Körper trieb. Schmetternde Chorgesänge und alles überlärmende Spielmannszüge, egal von wem, taten ihm nicht nur in den Ohren weh. Zudem stank es nachts oft nach verbranntem Pech und Öl, denn die neuen Herren im Reich konnten offenbar von Fackelzügen einfach nicht genug bekommen. So tobten durch Hannovers Innenstadt seit Januar 1933 Böen brüllender Begeisterung, Wut und blakende Schwaden, die ihre größte Stärke erreichten, als der Reichspräsident Paul von Hindenburg Adolf Hitler zum Reichskanzler ernannte. Die überwältigende Mehrheit des hannoverschen Bürgertums war unbändig stolz auf den Schlachtensieger und ihren Ehrenbürger, nach dem 1916 sogar eine Straße benannt worden war und von dem alles, was interessant schien, in den lokalen Zeitungen wiedergegeben wurde. Wenn der in Hannover hochgeehrte ehemalige Generalfeldmarschall diesen Hitler zum Reichskanzler ernannte, dann musste das der richtige Mann dafür sein, sagten die meisten Leute in Heinrichs Nachbarschaft. Nur einzelne trauten sich anfangs noch, laut auf diese neue Regierung zu schimpfen, wurden aber auch schnell ruhig, wenn man sie bedrohte. Es war die Rede vom »Dritten Reich«, aber auch vom »Tausendjährigen Reich«, das nun kommen werde.

Heinrich bekam nun zunehmend mit, wie Juden auf offener Straße gedemütigt und drangsaliert, dass Schaufenster jüdischer Läden zerstört, Stinkbomben und Tränengasbehälter in die Läden geworfen wurden. Er fühlte sich hilflos angesichts dieser von ihm verabscheuten Gewalttätigkeiten, rannte einmal heulend nach oben in die Wohnung der Dammstraße 17 und weigerte sich sogar, am nächsten Tag zur Schule zu gehen. Seine Mutter schrieb ihm einen Entschuldigungsbrief für die Schule, den der Gärtner Heinrich ohne zu zögern unterschrieb.

Das Erste und Eindringlichste, was er nun mit anderen Jungen in einer Gruppe erlebte, war alles, was sich um Kriegsspiele, Kampf und Großmäuligkeit drehte. Ob nun Indianer gegen Siedler oder Franzosen gegen Deutsche kämpfen wollten – eine Horde gab sich einen Namen und organisierte sich einschließlich der Anführer gegen eine andere, was allen völlig normal erschien, worüber sich niemand zu wundern schien. »Jungen sind eben so«, sagten die Erwachsenen, die das mitbekamen. Heinrich machte selten bei so etwas mit, und wenn, dann lustlos oder spielte Sanitäter.

Richtige Prügeleien unter seinesgleichen erlebte er, wenn sich Lindener Butjer mit Jungs aus Hannover anlegten, man sich mit Schneebällen bewarf, einseifte oder sogar mit Fäusten kloppte. Heinrich galt vielen als Spielverderber, manchen als feige, weil er solche Grobheiten nicht mochte, sich raushielt, nur stumm zusah, abseits, ohne sich zu rühren. Es kam Heinrich vor, als ob er einem fernen Kriegsfilm zusah, nur nicht in Schwarz-weiß. Hier am Stadtrand von Hannover, meist nahe der Ihme, zog die Schneeballschlacht feindlicher Schülergruppen ihn an und stieß ihn zugleich ab. Es faszinierte ihn zuzuschauen, aber widerte ihn an zuzuschlagen oder geschlagen zu werden. Mitzumachen beim Tumult einer Schneeballschlacht lag ihm fern. Aber er konnte hinterher fast minutiös berichten, wie so ein Kampf abgelaufen war.

Einige nannten ihn abfällig »Muttersöhnchen«. Heinrich zuckte nicht einmal mit der Schulter, wenn er das vernahm. Er reagierte nicht darauf. Wenn sich die Lindener Butjer, die draußen, also buten von Hannover, lebten, mal wieder mit den Hannoveranern, die sie Stadtjapper nannten, bimsen wollten, folgte Heinrich den anderen Jungen mit Abstand und betrachtete, wenn er nah genug dran war, ohne dass man auf ihn losging, das nun Folgende, ohne ein Wort zu sagen. Wenn seine Altstädter Mitschüler hinterher prahlten: »Mein lieber Scholli, was haben wir den Proleten aus Linden Saures gegeben!«, machte Heinrich manchmal Einwürfe derart: »Cord, du hast den anderen gar nicht mit einem Schwinger am Kinn getroffen, nur seine Brust. Dann hast du fix kehrt gemacht. Der Butjer hat bloß gegrinst.«

So bekam Heinrich den Spitznamen »Kamera«. Cord, einer der Hannoveraner Anführer, hatte zu ihm mal laut gesagt: »Du bist kein Kamerad, dir fehlt was, nämlich das D am Schluss.« Die Umherstehenden hatten nach einer kurzen Denkpause gelacht und den Spitznamen laut wiederholt: »Eh, Kamera!« Heinrich dachte bloß, eine echte Kamera werde ich mir zulegen, sobald ich genug Geld verdiene.

Mit der Einwilligung seiner Eltern sollte seine Konfirmation unterbleiben, obwohl er einst auf Wunsch seines Erzeugers getauft worden war. Seine Mutter hatte sich geweigert, ihn religiös zu erziehen. »Du musst nicht den Kopf in den Nacken werfen, um treu wie ein Hund zum Herren aufzublicken, um zu gehorchen, oder demütig den Kopf senken, dich klein machen, weil du bloß ein armer Sünder bist. Nein, richte deinen Blick lieber nach vorn, damit du weißt, was du vor dir hast. Wenn andere zu ihrer

Konfirmation Geschenke bekommen, sollen sie! Du kriegst auch bald eine Armbanduhr und einen guten Anzug, das hat mir Heinrich versprochen. Beides wirst du brauchen, wenn du demnächst Geld verdienen gehst.«

Heinrichs Mutter half wieder in einem Kolonialwarenladen aus, diesmal in der Südstadt. Da aber ihr Mann als Gärtner regelmäßig zur Arbeit ging und anscheinend ganz gut verdiente, traf Lina die rigide Stimmungsmache und Kampagne der NSDAP gegen das Doppelverdienertum ganz direkt. Ein Hausmitbewohner, der auch schon im letzten Jahr die Hakenkreuzfahne unterm Fenster montiert hatte, sprach sie im Treppenhaus ganz unverblümt an. Sie solle zu Hause bleiben, ihr Familienleben in Ordnung halten und nicht anderen den Arbeitsplatz wegnehmen. Frauen und Mädchen müssten in den Geschäften und im Handwerk durch verheiratete Arbeitslose ersetzt werden. Lina hatte sich das angehört, nichts dazu gesagt, dem Hausmitbewohner höflich einen guten Tag gewünscht und die Tür hinter sich zugezogen.

Schweinefleisch und Molkereibutter wurden im Verlauf des Jahres immer teurer, selbst der bisher wohlfeile Schellfisch lieferte keine billige Mahlzeit mehr. Pflaumenklöße, Pellkartoffeln, Eintöpfe aller Art sollten gemäß der Parteipropaganda an jedem ersten Sonntag im Monat auf dem Tisch stehen, Eintöpfe aller Art wurden der Hausfrau sowieso als sparsamste Ernährung angepriesen. Aber der Gärtner hielt nichts davon, er mochte weiterhin Gebratenes an jedem Sonntag, auch wenn manche Nachbarin auf dem Flur wegen des Bratendufts anzüglich die Nase rümpfte.

Sein neuer Vater hatte ihn in einen Film mit dem bekannten Schauspieler Harry Piel mitgenommen, der als Detektiv in einem zwielichtigen Milieu agierte, in dem der Held nicht nur Durchsetzungsvermögen und Kombinationskraft, sondern auch starke Nerven zeigte. Einige seiner gefährlichen Gegenspieler glaubte Heinrich schon abends in der Altstadt gesehen zu haben, einen Detektiv hingegen, der wie der populäre Filmschauspieler aussah, noch nicht. Sein Eindruck von dieser Bilderfolge verblasste bald, er wollte kein harter Bursche sein. Pat und Patachon, die er damals im Lindener Kino gesehen hatte, waren ganz andere Helden gewesen. In ihnen hatte er sich gesehen und zwar mit Vergnügen.

Die Markthalle war für ihn das erfreuliche, beinahe abenteuerliche Gegenstück zur sonstigen Altstadt. In diesem an seiner Vorderfront wunderbar geschwungenen Gerippe aus Stahlträgern mit mattglänzenden Glasflächen dazwischen, scherzhaft auch Kristallpalast genannt, war auch tagsüber immer schummriges Licht, ein dichter Geräuschteppich, hin und wieder von Rufen, Gebrüll oder Lachen durchbrochen. Ähnlich war ihm alles, was da stank, roch und manchmal auch duftete, anfangs wie ein Kuddelmuddel, wie ein fürchterlicher Eintopf vorgekommen. Bis an die Decke war der Innenraum gefüllt mit Geruchsballungen verschiedenster Art, die sich an einigen Ständen durchdrangen, wo sich die kräftigen Ausdünstungen der Fische mit dem feinen Duft von Äpfeln, Brot und Blumen in sonst nie gerochener Weise vermischten.

Erst beim wiederholten Durchstreifen des hallenden Raums bekam er mit, wo es immer laut war und woraus sich die einzelnen Gerüche zusammensetzten. Als er das alles unterscheiden und zuordnen konnte, war ihm zunehmend wohler geworden bei seinen Besuchen der Markthalle. Sie bot ihm nun, ohne einen Pfennig auszugeben, in dieser Fülle bisher nie Gesehenes, Gerüche, die ihm gute Laune machten und Lebensmittel, die er weder vom Geschmack her kannte noch für ihn erschwinglich waren.

Die Markthalle war ein teures Paradies, wo er bloß zu Besuch war und versuchte, seine Nase überall hineinzustecken. Was manche als Gestank erlitten, erfuhr Heinrichs Nase wie eine kleine abenteuerliche Reise durch unbekannte Gefilde. Gab es doch zahlreiche kantige Eisblöcke, die wie winzige Alpengletscher, von denen er bloß gehört hatte, Schmelzwasser abgaben, das in bizarren Lachen Seenplatten bildete, die freilich durch die Schuhe der Käufer und Händler unablässig ihre Form und Färbung veränderten.

Drinnen im Verkaufspalast war es nie ganz kalt, auch nicht von November bis Februar. Einige große Gasöfen hielten die Hallentemperatur immer deutlich über dem Gefrierpunkt. So eine saubere Heizmöglichkeit wünschte er sich auch für die Wohnung in der Dammstraße, wo der Kohlenstaub und die Asche des Ofens die Verschmutzung und unaufhörliche Reinigungsanstrengungen förderten.

Die hinter den Verkaufsständen bedienten, das waren andere Leute als die Bäuerinnen, die Mägde und Knechte, wie er sie vom Lindener Marktplatz kannte. Es waren sprachgewandtere, lautere, manchmal aufdringliche Personen, die ihre Ware anpriesen. Einige hatten Gehilfen, deren ausgemergelte Gesichter auf ärmliche Verhältnisse verwiesen. Einzelne von denen, die mit Schürzen oder weißen Kitteln angetan Ware feilboten, hatte er sogar in der näheren Umgebung wahrgenommen, wenn die Markthalle geschlossen war.

Abstoßend fand er unter zahlreich angebotenen Gerichten das Gulasch aus Pferdefleisch, da er den schönen und wohlriechenden Tieren in Isernhagen gerne zugesehen hatte, wenn sie auf der Koppel standen, umherstolzierten oder urplötzlich und ohne sichtbaren Anlass losgaloppierten. Die Vorstellung, etwas von ihnen zu sich zu nehmen, ließ ihn erschrecken. Dass er alles Mögliche vom Schwein mochte, obwohl er das frisch getötete Tier beim Schlachtfest gesehen hatte, wunderte ihn, aber erklären konnte er es sich nicht.

Der Deutschlehrer stand vor seiner Klasse und las laut aus einem Heft vor: »Wir wollen ein hartes Geschlecht heranziehen, das stark ist, zuverlässig, treu, gehorsam und anständig. Der kleine Junge wird einmal ein deutscher Soldat werden, das kleine Mädchen eine deutsche Mutter.« Anschließend nickte er und blickte starren Auges auf seine Klasse nieder. »Merkt euch das, damit ihr wisst, wofür ihr lernt und stolz darauf seid!«

In der Musikstunde hatte die Klasse ein Lied erlernen müssen, erst sangen sie es mehrmals vom Blatt, dann auswendig, das so begann:

Wildgänse rauschen durch die Nacht
Mit schrillem Schrei nach Norden.

Heinrich hatte es schnell in sein Gedächtnis aufgenommen, fand die Melodie nicht schlecht, mochte aber die Strophen nicht, weil die so düster waren und er Gänse mit einer schlechten Erinnerung verband. In Isernhagen war ihm ein Gänserich fauchend und zischend entgegengewatschelt und hatte ihn anscheinend grundlos so kräftig in seine nackte Wade gezwickt, dass er verblüfft vor dem aufgebrachten Ganter weggelaufen war. Außerdem empfand er das immer häufiger geforderte Singen im Klassenverband als widerwärtige Zumutung für seine Ohren.

Aber Marsch- und Volksmusik wurden zur Einstimmung auf das Deutschtum und die Heimat immer wichtiger. In der Schule, in die er nicht mehr lange gehen musste, da er bald vierzehn war, wurde ein Spielmannszug gegründet. Auch er wurde gefragt, ob er nicht zumindest trommeln könnte. »Ich bin nicht musikalisch«, sagte er, »habe auch kein Taktgefühl. Das hat man mir bestätigt.«

Am letzten Schultag vor Ostern formierte sich diese kleine Kapelle zum ersten Konzert im Schulhof. Zwölf Jungen, in einem Rechteck aufgestellt, spielten Märsche mittels Hitlerjugendtrommeln und Querflöten, und so eckig er konnte, dirigierte sie kommandierend ein Jungvolkführer. Zweimal drei Mädchen mit streng zurückgekämmten Haaren oder seitlichen Zöpfen in unterschiedlichen Kleidern, Röcken und Blusen flankierten die Musizierenden und hielten wie erstarrt je eine Bürgerschule-Standarte, wobei sie im Unterschied zum uniformen Tambourmajor – so heißt der doch?, dachte Heinrich – weder ergriffen guckten noch ihre Gesichter vor Begeisterung leuchten ließen. Da standen sie und machten kantigen Lärm, die künftigen deutschen Soldaten und Mütter.

Groß präsentiert wurde im Schaufenster der Buchhandlungen Hans Grimms »Volk ohne Raum«, aber ganz vorn stand »Mein Kampf« von Adolf Hitler, in dem es viel um Vaterland, Heimat, Schuldige und ernste Politik gehen solle, hörte Heinrich. Da er damit nichts anfangen konnte, obwohl sogar in der Schulklasse oft darüber gesprochen wurde, las er lieber anderes.

Der Gärtner lieh ihm das Buch mit buntem Deckelbild »Der Schatz im Silbersee« von Karl May, händigte ihm ältere Exemplare der Zeitschrift »Der gute Kamerad« aus. Von seiner Mutter erhielt er zum Geburtstag Jack Londons »Wolfsblut«, das sich zu seiner Freude sehr vom »Wehrwolf« unterschied. Sein erstes Buch von Erich Kästner, »Emil und die Detektive«, hatte er verschlungen, als er zwölf war, nun bekam er kurz vor den Sommerferien das gerade erschienene »Das fliegende Klassenzimmer« von seiner Mutter zugesteckt mit der Bemerkung, es draußen keinem zu zeigen.

Obwohl diese Art Schule in Kästners Buch ihm völlig fremd war, fand Heinrich sich in einigen Kindern wieder, die ohne Familie waren oder schwierige Eltern hatten. Und er beneidete sie, weil sie nicht arbeiten mussten, so viel Zusammenhalt und gute Lehrer hatten.

Aber er musste es verstecken, da es undeutsch sei, wie ein Lehrer einmal so nebenbei im Unterricht sagte. Was der damit meinte, erfuhr Heinrich später. Einige Tage nach seinem vierzehnten Geburtstag hatte er die Hakenkreuzfahne auf dem Neuen Rathaus bemerkt, und später, was er schlimmer fand, erfuhr er von einer groß angelegten Bücherverbrennung, die jetzt im Mai auf den großen Wiesen südlich vom Rathaus gewesen sein sollte, in der Nähe der Bismarcksäule. Davon hatte er in der Zeitung gelesen und von seiner Mutter gehört, sein Stiefvater hingegen weigerte sich, über so etwas überhaupt zu sprechen. Als Heinrich zögernd seine Mutter fragte, ob da wohl auch etwas von seinem Lesestoff dabei gewesen sein könnte, nickte sie zögernd. »Der Kästner war bestimmt dabei«, sagte sie, »aber dein Buch hast du ja noch.«

Dass bei Kästner immer viel los war, zog ihn in den Bann, dass Spannendes passierte, dass es mehr um Mut und Freundschaft ging als darum, wer immer der Erste, der Anführer war, der anderen was zu sagen hatte. Bloß die Prügeleien und Schneeballschlachten unter den Schülern mochte er ganz und gar nicht. Wörtlich war da von Krieg, Schlachtfeld, Bombardement und Feinden die Rede. Es war ihm zu viel davon drin, wovon die Erwachsenen gerade andauernd redeten, besonders die Männer, die im Krieg gewesen waren oder die Braunhemden und

Schwarzhemden, die sicher waren, bald einen gewinnen zu können.

Nach seiner Volksschulzeit würde Heinrich am liebsten gänzlich zum Bauern nach Isernhagen ziehen, um dort im Stall zu arbeiten. Aber der habe bestimmt keine dauerhafte Verwendung für ihn, erklärte ihm seine Mutter. So trug er für eine Bäckerei mal wieder morgens in der Frühe Brot und Brötchen aus, nachmittags dann eher Gebäck und Kuchen. Aber Bäcker, in eine Backstube eingeschlossen, wollte er keinesfalls werden, Bauer schon eher. Die Bäckerei fand für die sommerliche Ferienzeit leicht einen anderen, der seine Austräge übernahm. Heinrich konnte daher einige Male über eine Stunde nach Isernhagen radeln, um dort auf dem Hof kleinere Arbeiten zu verrichten und auch mal zu melken. Unterwegs schwamm er bei gutem Wetter im Kanal und legte sich danach voller Wohlbehagen dösend in die Sonne.

Vor Weihnachten genoss er trotz der vielen Uniformierten um ihn herum den Christmarkt gleich nebenan zwischen Altem Rathaus und Marktkirche. Da standen Schießbuden, Ballwurfstände, hölzerne und metallene Spielwaren wurden angeboten. Der Verkauf von Lebkuchen und Bratwürsten, dazu ein sanfter Harzgeruch von den zum Verkauf angebotenen Christbäumen, weiches Licht von flackernden Ölflammen und grelleres von den Karbidlampen ergaben ein märchenhaftes Zusammenspiel von Dingen, Düften und Lichtern, wenn es nicht gerade regnete.

Er hatte etwas Geld in der Tasche, klimperte damit, wusste aber nicht, was er hier damit anfangen würde. Ob er etwas davon dem abgerissen Jungen geben sollte, der aus größerem Abstand sehnsuchtsvoll die intensiv duftenden Schmalzkuchen anstarrte? Direkt bettelnde Kinder gab es kaum noch, Betteln war verboten. Heinrich kaufte zwei Stücke von dem verlockenden Gebäck und gab eines freundlich, aber ohne Worte, dem anderen Jungen.

Draußen, im Bereich, wo einst die Bismarcksäule gestanden hatte, wo Tausende Bände beim Licht von Fackeln und Feuer verbrannt worden waren, begannen nun Hunderte ehemalige Arbeitslose, den künftigen Maschsee auszuschachten. Sie waren ein Teil von weit über Fünfzigtausend in Hannover, die ohne Arbeit und Lohn waren, viele davon lebten anscheinend in der Nähe der Wohnung seiner Mutter und seines Stiefvaters.

Weil das städtische Wohlfahrtsamt Jugendliche zum freiwilligen Arbeitsdienst vermittelte, schlug Heinrich senior Heinrich junior vor, sich zur Arbeit im Stadtgut Marienwerder zu melden, wo er jetzt nach seiner Schulzeit etwas Geld mit Gartenarbeiten verdienen könne. Er, als Fachmann, würde ihm auch mit Rat zur Seite stehen, wenn er dort Dienst tue.

Aber Heinrich wollte lieber richtig aufs Land, in einem Bauernhof mit Vieh arbeiten. Am liebsten wäre ihm das Melken, das er seiner Meinung nach ganz leicht und geschickt in Isernhagen erlernt hatte.

Weil er sich dort, trotz des Mists und der Jauche der Kuhställe, meistens in zuträglicher Landluft aufhalten würde, unterstützte seine Mutter den Wunsch. Heinrich senior, der vom Rechentalent seines Stiefsohns wusste, hätte ihn lieber nach einem freiwilligen Dienst bei einem Kaufmann in der Lehre gesehen. Aber eine solche Lehrstelle zu finden war sehr schwer, und Heinrich junior wollte gänzlich aus der Stadt raus. Auch eine Gärtnerausbildung wurde von seinen Eltern in Betracht gezogen, aber Heinrich bestand auf den Umgang mit Tieren. Er sagte, er wolle melken, die Kühe muhen hören und ihre sanften Augen sehen.

Da habe er vor vielem, was ihn störe, seine Ruhe, verdiene Geld und sorge für Nahrung.

»Vergiss nie, dass du kein Tier bist«, hatte seine Mutter ihm schon seit seiner Begeisterung für den Bauernhof in Isernhagen eingeprägt. »Und«, fügte sie jetzt hinzu, »die Natur ist oft schön, aber grausam zu Mensch und Tier. Manchmal fast so grausam wie Menschen untereinander.«

In Linden hatte er einst Kolonnen von Arbeitern gesehen, die rote Fahnen trugen, kämpferische Lieder schmetterten, in Hannover eher viele Braunhemden, auch schwarze Uniformen, die bedrohlicher wirkten als die Kleidung der Männer von der Hanomag oder aus den Textilienfabriken Lindens.

Heinrich beharrte darauf hinauszukommen, weg von der vollgepfropften, stinkenden Altstadt, wie er sie wiederholt seinen Eltern gegenüber nannte. Selbst Kühe mit ihren herauspladdernden Entleerungen, ihren Fladen und dem angetrockneten Kot an den Flanken und Hinterbeinen rochen für ihn besser als die hiesigen Straßen und die Leine. Heftig riechende Dünste, faulige Gerüche und bestialische Schwaden würden auf die Dauer seine Empfindungen und sein Nachdenken abstumpfen, glaubte er. So, wie sie jetzt war, mochte er die Altstadt nicht, Ausnahmen waren das ablenkende Farben- und Geruchsgewirr der Markthalle und der kurze Weg in das Grün der Leinemasch.

In der Tageszeitung las er, vom Führer und der neuen Regierung sei die Parole von der jetzt beginnenden Arbeitsschlacht im Deutschen Reich verkündet worden. Allerdings gebe es eine starke Landflucht in die Städte, sodass Arbeitskräfte für die Lebensmittelproduktion fehlten, hörte er zugleich von seinen Eltern. In den Industrieorten konnte wesentlich mehr verdient werden als auf den Bauernhöfen, was für viele, die hoffnungsvoll in die Städte gezogen waren, hieß, sich dort als Arbeitslose in die Schlangen vor den Arbeitsämtern einzureihen.

Mit der zunehmenden Belegschaft der Hanomag in Linden zum Beispiel habe aber eine gegenteilige Entwicklung zur anwachsenden Erwerbslosigkeit eingesetzt, las Heinrich in der Zeitung. Dort, wie in vielen Bereichen der Schwerindustrie, hätten sich schon zu Beginn der Dreißigerjahre die Auftragsbücher zunehmend gefüllt, und nun würden dort auch mehr Kanonen denn je gebaut, ergänzte sein Stiefvater.

Sollte er deshalb zurück nach Linden gehen, um dort zu arbeiten?, fragte sich Heinrich. Niemals, sagte er sich. Auf keinen Fall wollte er in einer stinkenden, dröhnenden Fabrikhalle bei funzeligem Licht schuften. Andererseits fehlten auf dem Land Arbeitskräfte, das konnten auch die neuen ratternden Dreschmaschinen, die Trecker mit den Riesenrädern oder sogar die wenigen vielschläuchigen Melkmaschinen in den großen Höfen nicht ausgleichen, erfuhr er einige Tage später.

Kühe mochte er, seit er mit ihnen in Isernhagen zu tun gehabt hatte, den sanften Blick ihrer Augen, ihre Ruhe, Gelassenheit, den Geruch. Bloß – wie wurde ein Junge wie er, der aus einer Industriestadt stammte, zum Melker?

Nur was er über Herumziehende, über Landstreicher, Vagabunden, Kunden, Wanderarbeiter, einzelne Wandervögel hörte und gesehen hatte, zog ihn noch mehr in den Bann. »Wo der Wind weht, der Wind weht, da bin ich zu Haus« ging ihm sofort durch den Kopf, aber er wusste nicht, wie er ein wandernder Geselle oder etwas Ähnliches werden könne. Als er wiederum einige Tage später in der Lokalzeitung las, dass es an Melkern in der Landwirtschaft mangele, dass zum Anlernen bereite Mädchen und Jungen sich auf dem Landesarbeitsamt melden sollten, machte ihn das unruhig. Die einschränkende Bemerkung am Artikelende, man müsse allerdings bereit sein, je nach Bedarf öfter mal den Bauernhof zu wechseln, gefiel ihm besonders.

Fallingbostel

Im August 1934 schickte ihn das Landesarbeitsamt in Hannover als Arbeitshelfer auf ein ehemaliges Rittergut bei Fallingbostel. Gemessen am sechstägigen Fabrikalltag hoffte Heinrich auf interessante Veränderungen seines noch jungen Lebens, die künftige Arbeitsstellen in unterschiedlichsten Bauernhöfen bewirken würden. Er war froh, künftig nur an die üblichen Melkzeiten der Kühe gebunden zu sein und nicht an die mechanische, minutengenaue Tageseinteilung in den großen Fabriken Hannovers und Lindens, nicht den Öffnungszeiten von Geschäften und Büros zu unterliegen. Ja, als Melker würde er gewiss viel herumkommen und manches Neue kennenlernen, das über die Arbeit in den Höfen hinausgehe. War er auch kein Vagabund oder ein herumstreunender Junge wie Huckleberry Finn, denn dazu fehlte ihm der Mut, so freute er sich unbändig auf die Abwechslungen.

Als er jetzt zum Bahnhof eilte, ging er nicht mehr durch die Bahnhofstraße, sondern durch die Adolf-Hitler-Straße. Der Führer war Ehrenbürger Hannovers geworden und die städtische Obrigkeit war stolz darauf, ihn unverzüglich und ohne Veranlassung aus Berlin auch noch mit dieser Benennung ehren zu dürfen.

Seine Mutter hatte ihm, bevor er mit dem Zug Richtung Fallingbostel fuhr, ein Büchlein mit 103 Gedichten von Joachim Ringelnatz zugesteckt, das der Poet Frau Asta Nielsen gewidmet hatte, einer Schauspielerin, die Heinrich mal auf einem Kinoplakat gesehen hatte. Die Gedichte wollte er erst lesen, wenn er seinen Sitz in der 3. Klasse des Personenzugs eingenommen hatte. Noch bevor er vollends traurig wurde, weil er seine Mutter nun längere Zeit nicht sehen würde und er Richtung Norden ins Ungewisse rollte, schlug er, sobald er saß, das kleine Buch auf. Gleich das erste Gedicht tat es ihm an:

Überall

Überall ist Wunderland.
Überall ist Leben.
Bei meiner Tante im Strumpfenband
Wie irgendwo daneben.
Überall ist Dunkelheit.
Kinder werden Väter.
Fünf Minuten später
Stirbt sich was für einige Zeit.
Überall ist Ewigkeit.

Wenn du einen Schneck behauchst,
Schrumpft er ins Gehäuse.
Wenn du ihn in Kognak tauchst,
Sieht er weiße Mäuse.

Er lachte verhalten auf, klappte den Buchdeckel wieder zu, schaute aus dem offenen Abteilfenster, murmelte, was er schon im Gedächtnis behalten hatte, vor sich hin, hielt inne; schlug das Bändchen wieder auf und las erneut Ringelnatz' »Überall«. Nun hatte er es vollständig im Kopf.

Als Heinrich nach einem längeren Fußmarsch vom Bahnhof im Innenbereich des Bauernhofs bei Fallingbostel stand, schien allein der ihm so groß wie ein halbes Fußballfeld zu sein, nur schmaler und mit einigen

Lindenbäumen in der Mitte. Alles wirkte sehr aufgeräumt, schien seinen festen Platz zu haben. Links hinter der Einfahrt, in einem langgestreckten Gebäude, kamen erst die Remisen mit allerhand Geräten und Wagen, die er durch die seitlich aufgerollten Tore erblickte. Dahinter schlossen sich die Schweineställe an, aus denen es grunzte und quiekte. Rechts erstreckte sich ein ebenso langer Backsteinbau mit weiteren Stallungen. Hinter wenigen kleineren Türen und einer Reihe halbblinder Fenster machte sich ihm durch Muhen eine größere Anzahl von Kühen bemerkbar. Quer dazu und das Gehöft hinten abschließend überragte das dreigeschossige, hell verputzte Herrenhaus die anderen Gebäude und besaß mit seiner breiten, sich nach oben verjüngenden Freitreppe einen imposanten Haupteingang, unten flankiert von zwei mächtigen Blumenkübeln.

Heinrich erfuhr schnell, wie sein Leben hier völlig neu geordnet wurde und er sich mit Aufgaben, Dingen und Einteilungen beschäftigen musste, die ihm bislang fremd gewesen waren, trotz seiner sommerlichen Besuche auf dem Hof in Isernhagen. Gearbeitet wurde sieben Tage in der Woche, außer sonntags von morgens bis abends. Das hieß, oft schon vor fünf Uhr raus, nach dem kurzen Frühstück mit Brot, Brei, Marmelade und dünnem Kaffee ran an die Hofarbeiten. Nur unterbrochen von wenigen Pausen, ging es meistens bis 18.30 Uhr, manchmal bis 20 Uhr. Dann gab es für ihn nur noch: waschen, essen, ins Bett fallen. Todmüde von der sogenannten Arbeitsschlacht und trotzdem innerlich unruhig. Es war ein anderes Hofleben als das beim vergleichsweise gemütlichen Isernhagener Bauern vor ein paar Jahren.

Das Essen war nicht sehr abwechslungsreich. In der kurzen Mittagspause gab es meistens Pellkartoffeln mit

Quark, manchmal mit Gemüse; abends Bratkartoffeln mit Grieben und sauren Gurken. Fleisch und Wurst kamen nur selten auf den Tisch. Zwischendurch wurde ein Gemisch aus Bohnenkaffee und Malzkaffee getrunken, von der Küchenmagd aus mächtigen Emaillekannen ausgeteilt, einen Apfel, ein Stück Brot dazu durfte jeder nehmen und sonntagnachmittags gab es oft Plattenkuchen.

Für alle Mägde und Knechte, das Gesinde, endete die Arbeitszeit von Frühjahr bis Herbst abends, wenn man auf dem Feld fertig war. Das würde auch für ihn gelten, der vor allem in den Stallungen zu tun habe. Alles, was nach der eigentlichen Arbeit kam, die eventuelle Rückfahrt zum Hof, das Reinigen der Arbeitsgeräte und des eigenen Körpers, gehörte nicht zur Arbeitszeit. Richtigen Urlaub werde er erst bekommen, wenn er mindestens ein Jahr hier gearbeitet hatte. Da aber sein Arbeitsvertrag wahrscheinlich nicht verlängert werden würde, führe er zurück nach Hannover. In der Dammstraße fände er dann gewiss etwas Ruhe, bevor der nächste Einsatz auf einem Bauernhof in der Provinz Hannover beginnen würde. Damit tröstete er sich, wenn er von der schier unaufhörlichen Arbeit sehr geschafft war.

Am Monatsende bekam er acht Reichsmarkt auf die Hand, langfristig hatte er die Aussicht, versicherte man ihm, später als Knecht einmal 40 Mark im Monat zu verdienen, kurzfristig konnte er zudem auf ein Weihnachtsgeschenk des Bauern hoffen. Ergänzt wurde sein geringer Bargeldlohn durch Naturalien. Zusätzlich zur üblichen einfachen Kost standen ihm kleinere Portionen von Milch, Brot, Wurst und Obst zu. Vom Hofbesitzer wurde ihm außerdem die Grundausstattung an Arbeitskleidung gestellt, welche aus einem derben Kittel, zwei Hemden, einer Schürze, festen Schuhen und Gummistiefeln bestand.

Mit dem Melken selbst hatte er erst einmal gar nichts zu tun. Er sei neu und habe keine Ahnung, machte man ihm schnell klar, und was ein Melker in einem ländlichen Großbetrieb zu tun habe, wisse er nicht. Alle hier möglichen Arbeiten wurden anfangs von ihm verlangt, die mit Kühen nichts zu tun hatten, wie ihm schien. Aber er quittierte die Anweisungen mit Nicken oder tat einfach gleich, was man von ihm verlangte, egal ob er Ausmisten sollte, Heu heranschaffen, Wassereimer schleppen, Fuhrwerke reinigen oder Pferde striegeln. Auch Gülle zum Düngen der Felder aus der Jauchengrube in den Kübelwagen schöpfen und das Plumpsklosett ausheben gehörten zu seiner Arbeit. Den Mist, teilweise vermischt mit Torf- und Gartenerde, packte man auf einen gummibereiften Wagen und brachte ihn aufs Feld, wo man ihn mit der Mistgabel ausbreitete. Die Jauche wurde mit einem Jauchefass ausgebracht und auf der Wiese verteilt. Heinrichs Riechorgan wurde dabei stundenlang auf die schwerste Probe gestellt, aber er hielt es aus, wenn er sich nur abends gründlich mit Kernseife waschen durfte. Natürliches Düngen war für den kommenden Ertrag unverzichtbar und billig, erfuhr er, denn Kunstdünger aus Kalisalz und das Thomasmehl aus der Eisenverhüttung waren teuer und wurden deshalb sehr sparsam eingesetzt.

Alle Arbeiten erledigte der Neuling klaglos, fragte aber beim Großknecht hartnäckig nach, wann er denn endlich mit dem Melken beginnen könne, denn das wolle er unbedingt richtig lernen. Er bekam in den ersten Wochen nie eine klare Antwort, sondern zunächst bloß Blasen, dann Schwielen an den Händen.

Endlich lernte Heinrich – unter strikter Aufsicht und Kontrolle – ab dem Frühjahr das fachgerechte Melken. Das war Melken für einen hohen Milchertrag bei möglichst geringem Zeitaufwand. Selbst für den sich geschickt anstellenden Heinrich erforderte das Melken von Hand einiges an Übung, besonders weil hier künftig auf seine Melkgeschwindigkeit geachtet werden würde. Er nahm also unter Beobachtung und Anweisungen von Erich, dem erfahrensten Melker, immer wieder auf dem einbeinigen Schemel seitlich der Kuh Platz, griff die Zitze so an ihrer Wurzel, dass er zunächst mit Daumen und Zeigefinger einen Ring um sie schloss, und dann erst mit den übrigen Fingern eine Faust bildete. Es gebe durchaus verschiedene Grifftechniken, sagte ihm der erfahrene Melker, das werde er später noch mitbekommen. Jetzt solle er es erst einmal so machen, wie er am besten klarkomme. Bevor die Milch in einem Melkeimer aufgefangen wurde, kamen die ersten Strahlen in einen separaten Becher. So konnte er sehen, ob mit der Milch alles in Ordnung war.

Er wurde belehrt, dass erst die Stimulierung mit den Fingern die Milch vor dem Melken in die Milchgänge einschießen lasse. Diese Wirkung halte nur so um acht Minuten an, deshalb müsse immer zügig gemolken werden, um wirklich für diese Zeit alles aus dem Tier herauszuholen.

Das war also der Takt hier, mit allen Vor- und Nachbereitungen etwa alle zehn Minuten zu einer anderen Kuh wechseln. Zügig habe das zu geschehen, ohne Hektik, Hektik sei Gift für den Milchertrag, prägte man ihm ein. Auch während des Melkens dürfe das Vieh nicht erschreckt werden. Melken solle ein gleichmäßiger, ruhiger Vorgang sein, Lärmen und Quatschen oder irgendwelche Allotria im Kuhstall belasteten Tiere und Melkende gleichermaßen. »Lass sie in Ruhe, wenn du sie nicht melkst oder fütterst, das sind keine Schoßtiere!« Heinrich merkte schnell, dass man ihn nicht nur daran maß, wie schnell er wie viel

Milch aus den Kühen herausholen konnte, sondern auch, wie er mit den Kühen umging.

Kam er sauber in den Stall, hatte er seine Melkerschürze ordentlich vorgebunden, nahm er ruhig mit den Kühen Kontakt auf, prüfte er die Milch, bevor er sie in den Eimer strullen ließ, merkte er, wann er mit melken aufhören musste? »Bloß nicht weiter daran herumzippeln!«

Reinigte er danach jeweils kurz den Euter, säuberte die Zitzen und rieb sie, wenn nötig, dünn mit einem speziellen Fett ein? Mochte die Kuh sich noch so viel entleeren, der Melker musste sauber bleiben und sein Milcheimer samt Inhalt makellos. »Und merke dir eins: Eine Milchkuh im vollen Saft, die lange nicht gemolken wird, krepiert, die platzt einfach, verstehst du? Ohne uns läuft hier gar nichts.«

Gefüllte Melkeimer wurden in die großen zwanzig oder dreißig Liter fassenden Milchkannen entleert, von denen die meisten zum Abholen für die Molkerei auf eine Rampe kamen. Einige Liter Milch blieben auf dem Hof zum Eigenverbrauch, wurden in der Küche gebraucht, wurden zu Butter, Quark und Handkäse. Die in der Molkerei geleerten Kannen wurden zurück zum Hof gebracht, dort ausgespült, gereinigt und zum Trocknen kopfüber auf Haken in der Milchkammer gestülpt.

Heinrich zog sich morgens an, schlüpfte in die Gummistiefel, schnallte sich nach dem Frühstück seinen einbeinigen Melkschemel an den Hintern und krempelte die Ärmel hoch. Er war noch etwas langsamer als der ältere Melker, und es war anstrengender, als er geglaubt hatte, so etwas zweimal am Tage bei mehreren Dutzend Kühen zu schaffen, unterbrochen von den übrigen Arbeiten auf dem Hof oder dem Feld. Seine Hände, Unterarme und Schultern schmerzten die ersten Tage so, wie er es noch nie gekannt hatte. Dennoch klagte er nicht, bis er am Abend todmüde auf seine Bettstatt fiel, die er zu seiner Erleichterung mit niemandem teilen musste. Er tröstete sich damit, dass er gern auf diesem Hof arbeite und ihm alles gewiss bald leichter fallen werde.

Ab Mai wurden die Kühe täglich nach dem morgendlichen Melken auf die Weide getrieben und abends zum Melken wieder in den Stall. Er staunte, als man ihm sagte, dass Kühe und Rinder auf der Weide jetzt so etwa zwischen 16 und 20 Kilogramm Gras, Kräuter und Klee am Tage fräßen. Etwa diese Menge würden sie dem Viehzeug dann im Winter heranschleppen, damit sie gediehen und gute Milch gäben. Aber das werde er noch früh genug mitkriegen.

Nach wie vor sprach Heinrich wenig, aber verhalten trällerte er zwischen den verschieden Arbeitsgängen gut gelaunt vor sich hin, was er so ähnlich schon in Linden von seiner Mutter gehört hatte: »So geht es in Schnitzelputzhäusele, da singen und tanzen die Mäuse, da bellen die Schnecken, die Mäuse ...« Wenn ihm einer deswegen mal einen Vogel zeigte, nahm er das gleichmütig hin und pfiff darauf. Er war ein Sonderling, aber sein Fleiß litt nicht darunter, also war es dem Landwirt und insbesondere dem Großknecht egal.

Denn der Bauernfamilie am nächsten stand traditionell immer noch der Großknecht, der nicht nur durch seine Anweisungen, sondern oft auch durch seine eigene Arbeitsleistung das Arbeitstempo bestimmen konnte und damit das regulierte, was täglich zu schaffen war. Dieser oberste Knecht des hiesigen Gesindes war tatsächlich groß und kam Heinrich wie ein knorriger Baum vor, mit langen, kräftigen Armen und fast tellergroßen Pranken. Heinrich gegenüber wurde er nie ausfallend, sagte bloß in knappen Sätzen, was zu tun sei. Lob gab es von ihm kaum, ein kurzes Nicken war schon sehr viel Anerkennung. Schauerliche Geschichten über andere Höfe kursierten in den kurzen Feierabendstunden unter dem Gesinde. Es gebe Großknechte, die die ihnen untergeordneten Knechte insbesondere beim Mähen zu Tode gehetzt hätten. »Aber unserer ist nicht so ein Schinder«, sagte Erich. Als Melker war Heinrich diesem Druck sowieso nicht so ausgeliefert, nur bei der Heuernte und der Ernte des Getreides, wenn er zeitweise auf der Wiese oder dem Feld half beim Bündeln oder Aufladen der Garben, sah er, wie der Großknecht alles so zügig erledigte, dass sich während seiner Anwesenheit die Knechte und Mägde hüteten zu verschnaufen. Er war der Chef bei der Arbeit, der Bauer tauchte selten dabei in Arbeitskleidung auf und zeigte sich meistens wie für den Kirchgang angezogen.

Erich, der ältere Melker, äußerte sich nach einem Samstagsabendbier einmal: »Es ging hier auch vor unserem neuen Führer in Berlin ganz strikt von oben nach unten zu. Da brauchten die Herren von der Partei gar nicht groß was zu ändern. Bloß Uniformen und Feiern gibt es jetzt mehr.« Sehr viel von dem, was hier im bäuerlichen Leben wichtig war, erfuhr Heinrich aus Gesprächen, Gerüchten, Beobachtungen und manchmal durch heimliches Lauschen. Zum Zeitunglesen oder gar länger Radiohören in der großen Küche kam er fast gar nicht mehr.

Hinter vorgehaltener Hand gab es Unmut bis in das Gesinde hinein wegen der kürzlich erfolgten Zwangsauflösung der Lüneburger Herdbuchgesellschaft, die alles von Jungviehaufzucht, Viehhaltung, Futtergewinnung bis hin zur sachgemäßen Milchwirtschaft dem bäuerlichen Nachwuchs vermittelt und dem auch den Umgang mit den zunehmenden technischen und maschinellen Bewirtschaftungen beigebracht hatte. Von Erich erfuhr Heinrich auch, ohne mit dem Begriff Kapital etwas anfangen zu können, dass der NS-Reichsnährstand diese wichtige Organisation samt ihrem Kapital übernommen hatte, das ja letztlich von den Höfen erwirtschaftet worden war.

Weitere mühsam verhohlene Empörung gab es unter den Bauern dieser Gegend wegen des neuen riesigen Truppenübungsplatzes zwischen Bergen und Fallingbostel. Einige Landwirte würden murren, hörte er, unter sich sogar einige nationalsozialistische Maßnahmen kritisieren. Äußerlich aber blieb es ruhig auf den Höfen. Nach und nach erfuhr Heinrich, worum es eigentlich ging. Ganz in der Nähe mussten Bauern von einem Dutzend Dörfern in der Hohen Heidmark diesem neuen Truppenübungsplatz weichen und ihre größtenteils seit Jahrhunderten in Familienbesitz befindlichen Höfe in diesem Teil der Lüneburger Heide endgültig verlassen. Außerdem wurde beklagt, es ginge damit ein sehr beliebtes Ziel des Fremdenverkehrs verloren, das wegen seiner einmaligen Heidelandschaft berühmt gewesen sei. Was hätte wohl Hermann Löns dazu gesagt, der von den neuen Machthabern doch so geschätzt wurde, wenn diese Landschaft verwüstet und alter bäuerlicher Grund dem Erdboden gleich gemacht werde?, hieß es. Denn der im Weltkrieg getötete Hermann Löns genoss auf dem Land fast so viel Aufmerksamkeit wie in der Provinzhauptstadt Hannover. Und nun werde überdies mit seinem Andenken und seinem Leichnam eine böse Posse gespielt. So stieß Heinrich beim Zuhören einmal mehr auf eine weitere Spur des Heidedichters, von dem ihm das stolze Lied »Wo der Wind weht« ebenso im Gedächtnis haften geblieben war wie das üble Schwedenschlachten im »Wehrwolf«.

Die vermutlichen Überreste des 1914 Gefallenen waren für die Führung der NSDAP, der Reichsregierung und der Reichswehr von größtem symbolischen Wert, aber die Auffassungen über die endgültige Grabstätte gingen auseinander. Bis vor Kurzem stand Löns' Sarg in einer Friedhofskapelle in Fallingbostel, bis ihn nächtens SA-Männer dort herausholten und ihn neben einer Wachholderbaumgruppe auf dem Grundstück des Gauleiters begruben. Das habe angeblich Proteste bei der Reichswehr hervorgerufen, die Löns als Soldaten sahen, für den nur eine militärische Bestattung infrage kommen könne. Dieser Streit um eine nicht genau identifizierte Leiche und das Recht auf sie machte in ganz Fallingbostel die Runde, brachte einige in Rage, andere lachten darüber. Heinrich hatte sich das amüsiert angehört und es wie eine kleine Geschichte aus einem Buch verstanden. Mehr nicht.

Im Winter, wenn das Vieh tagsüber nicht mehr auf der Weide fraß, gab es im Stall mehr für ihn zu tun. Hübsch nebeneinander standen die Kühe den Tag und die Nacht über, doch bewegten sie sich und lärmten sehr unterschiedlich, eben nicht wie die uniformierten Menschenaufläufe in Hannover. Heinrich gefiel das, andererseits musste er in der kalten Jahreszeit härter ran, als er gedacht hatte. Morgens und abends wurde nun gefüttert. Die zwanzig Kühe, die von ihm im Winterstall ihr Fressen verlangten, verbrauchten ungefähr 350 Kilo Futter, also sieben Zentner täglich, an Heu, Stroh, Silage, Grummet, Runkelrüben, dazu manchmal ein Getreidegemisch. Die Futterrüben mussten aus der am Feldrand angelegten Miete, einem mit Erde bedeckten länglichen Haufen, herbeigeschafft, in der Scheune geschnitzelt, mit Raufutter, meistens Heu aus der Grassilage, vermengt und schließlich in die dafür vorgesehenen Tröge verteilt werden. Das ging so in die Knochen und Muskeln, dass Heinrich auch bei Frost nicht fror.

Unmengen von Trinkwasser waren zudem für die Kühe erforderlich. Da noch nicht überall in den Ställen

Wasserhähne mit Schläuchen verlegt worden waren, hieß es für ihn auch, eimerweise sauberes Wasser heranzuschleppen. Es war nicht nur das wichtigste Futtermittel für das Vieh, lernte er, sondern auch im Überfluss erforderlich zur Milchgewinnung sowie zur Reinigung der Tröge und des Stallbodens. Denn entsprechend ihrer vertilgten Futtermengen füllten die Rinder und Kühe zügig die Kotrinnen, die es häufig zu leeren und zu säubern galt, damit sich keinesfalls Ungeziefer und Krankheitserreger darin festsetzten.

Für Fehler oder Ungeschicklichkeiten, die Heinrich unterliefen, wurde er laut, selten grob getadelt und bekam anfangs mal eine kleine Futterrübe ins Kreuz geworfen oder einen verhaltenen Tritt in den Hintern. Er erschrak zwar jedes Mal, aber anders als bei den kleinen schulischen Hinrichtungen mit dem Rohrstock konnte er es den Tätern nicht lange übel nehmen, da sie ihn ansonsten nicht quälten oder beschimpften. Er steckte es ein und machte seine Arbeit unverdrossen weiter, schließlich wollte er ja unbedingt ein richtiger Melker werden.

Dammstraße

Als er im Januar 1935 gegen Mittag von Fallingbostel kommend im Bahnhof der Provinzhauptstadt ausstieg, nahmen ihn schon in der Bahnhofshalle der Lärm, das Getriebe und die vielen menschlichen Ausdünstungen gefangen. So erfuhr er zum zweiten Mal – nun aus der anderen Richtung kommend – und viel schärfer denn je den großen Kontrast vom Leben auf dem Land zu dem in Hannover.

Seine Mutter umarmte ihn lange, bis er aufschluchzte und es ihm zu eng wurde. Sie briet ihm ein Kotelett und bereitete für beide Salzkartoffeln mit Erbsen und Möhren zu. Ihr Gärtner Heinrich arbeitete bis abends in seiner Firma und hatte sein Mittagessen in einem verschließbaren Emailletopf, dem Henkelmann, mitbekommen.

Die Leine sah noch schlimmer aus als beim letzten Mal, fand Heinrich, als er nach dem Mittagessen spazieren ging. Ihr dunkles, manchmal schmutzig weiß schäumendes Wasser hier am Altstadtrand kam ihm wie ein übergroßer Rinnstein vor und roch auch dem entsprechend. Er überquerte den Fluss und gelangte nach knapp zehn Minuten an das Nordufer des neu ausgehobenen Maschsees, der bereits einen niedrigen Wasserspiegel aufwies. Heinrich freute sich darauf, dieses ausgedehnte Gewässer in der Nähe der Dammstraße künftig aufsuchen und dort demnächst schwimmen zu können. Er fragte sich andererseits mit einem flauen Gefühl, ob er es dann spüren würde, wenn er über die Stelle der ehemaligen Bismarcksäule glitt, dass dort Bücher zu Asche geworden waren?

Nach der kinolosen Zeit in Fallingbostel sah er sich mit großer Neugier mehrere Filme an, was ihm einiges von seinem angesparten Lohn kostete. Meist ging es schwarzweiß mit Untertiteln zu, und weil es immer einige gab, die zu langsam beim Lesen waren, waren die froh, wenn andere laut mitlasen. So ging es beim Stummfilm vor der Leinwand manchmal durchaus munter zu, was Heinrich missfiel, da er sich lieber völlig auf das Gesehene konzentrierte, die flimmernden Bilder und die leicht zitternden Buchstaben der Sätze darunter. Filme mit sogenannten Diven wie Asta Nielsen und Thea von Harbou oder Stars wie Paul Wegener, Werner Kraus und Harry Piel kamen oft in die Kinos. Manchmal klimperte ein Pianist zur Begleitung, um eine jeweils passende Stimmung zu erzeugen. Doch die Tonfilme waren im Vormarsch, das bekam auch Heinrich mit. In »Melodie des Herzens«, der spannenderweise in Ungarn spielte, interessierten ihn die geschmeidigen Pferde und die reizende Hauptdarstellerin Dita Parlo, weniger der berühmte Willy Fritsch und die Handlung des Films.

Mehr als dieser Streifen hatte ihn einst ein Stummfilm mit Charlie Chaplin begeistert. In »Lichter der Großstadt« hatte ein Tramp agiert, wie Heinrich ihn sich vorstellte, es war einer, der meistens einsam war, aber trotz aller Fährnisse überlebte, sogar eine Liebste fand und nichts mit dem uniformen Lärm der Gegenwart gemein hatte. Als er sich bei seinen Eltern erkundigte, ob demnächst ältere oder neuere Filme mit Charlie Chaplin gezeigt würden, sagten sie ihm, das sei vorbei. Dessen Filme gälten als zersetzend, überdies, so der Stiefvater, sei Chaplin ein Jude, habe also sowieso keine Chance, hier ins Kino zu kommen. Heinrichs Mutter widersprach ihm heftig, Chaplin sei gar kein Jude, das wäre eine bloße Behauptung und überhaupt sei das egal. Heinrich hatte diesen kleinen Streit der beiden angehört, die Stirn gerunzelt und beim letzten Satz seiner Mutter genickt.

Ohne ganz verstehen zu können, was sie meinten, hatte er Besucher der Altstadt mit einer gewissen Begeisterung von einer Lagunenstadt, von einem kleinen Venedig sprechen gehört, wenn von der Leineinsel und ihrer Umgebung die Rede war. Selbst in Fallingbostel gab es unter den Knechten zwei, die von Nächten an der Leineinsel schwärmten und dabei bedeutungsvoll die Augen verdrehten.

Betrachtete er jetzt im Frühsommer die vollständig bebaute, von den zwei Leinearmen umfasste Insel und hielt sich ganz fest die Nase zu, so kam sie ihm fast vor wie eine Kinokulisse für einen Kriminalfilm mit dem berühmten Harry Piel – doch nur bei geschlossenen Nasenlöchern. Gestank und Anblick vertrugen sich einfach nicht in seinem Kopf, ließen keine spannende Illusion aufkommen.

Über das Viertel nahe der Leineinsel, in dessen nordwestlicher Nachbarschaft das Armenhaus stand, rümpften die sich für anständig haltenden Bürger schon lange die Nasen. Nicht wegen des Geruchs, sondern weil es moralisch als verworfen, ja verkommen galt. Drei- bis vierstöckige alte Fachwerkhäuser standen dort, einige mit Balkonen über dem Wasserspiegel, andere mit Treppenstufen hinab in das trübe Gewässer. Heinrich, der etwas unter dem modrigen Brodem der Leine litt, gefiel aber, dass die das Ufer säumenden Häuser mit ihren Vorkragungen keine kerzengrade Front bildeten, sondern etwas schräg und ausgebeult wirkten, als ob sie über dem Fluss schwanken würden.

Seine Mutter bat ihn, sich dort nicht abends oder später aufzuhalten, das sei gefährlich. Anfangs hielt er sich daran, machte bei seinen Spaziergängen ab Einbruch der

Dämmerung einen großen Bogen um die Leineinsel, aber dann war seine Neugier stärker. Nur wenige Menschen mit einfacher bis abgetragener Kleidung hielten sich dort auf. Zwei jung aussehende Frauen mit rot geschminktem Mund zwinkerten ihm zu – sonst geschah auf der Leineinsel nichts.

Unten am Ufer, gegenüber des alten, grauen Beginenturms, wo die gepflasterte Rampe der Pferdeschwemme in die Leine führte, passierte mehr. Heinrich sah manchmal von oben zu, wie abends die nicht selten widerspenstigen Tiere schnaubend ins morastig wirkende Flusswasser getrieben wurden, um zu saufen. Einige setzten offensichtlich ungern ihre Vorderhufe ins Wasser, wirkten hier überhaupt in ihren Bewegungen gedämpft, unlustig, verglichen mit den umherrennenden und tollenden Pferden auf der Koppel in Fallingbostel.

Heinrich verspürte keinerlei Lust, in diesen Fluss zu steigen, obwohl er gern einmal wieder in fließendem Wasser geschwommen wäre. In Fallingbostel hatte es einen Teich gegeben, in dem er wenige Male gebadet hatte, leider kaum im Hochsommer. Als es im Spätsommer endlich mal richtig warm geworden war, begann die Erntezeit, und diese Arbeit ging fraglos vor.

Lesen, Spazierengehen um die Altstadt herum und wenige Kinobesuche blieben seine Vergnügungen. Tanzen konnte er nicht und wollte er auch nicht lernen, da ihm feste Schrittfolgen nicht behagten. Aber er sah in einem Tanzcafé am Sonntagnachmittag stumm anderen Paaren zu, trank ein Bier und freute sich daran, wie sich die Tänzerinnen bewegten, welches Gesicht sie dabei machten, besonders wenn sie etwas erhitzt waren.

Mädchen und Frauen machten ihn zunehmend neugierig, und er sprach endlich eine nach dem Tanz an, schaute ihr in die großen nussfarbenen Augen und sagte, dass sie ihm gefiele. Auf ihren erstaunten Blick fügte er hinzu: »Keine Angst, ich will keine Familie gründen.« Nach einer Pause lachte sie leise, fragte: »Was bist du denn für einer?« und wandte sich ab. Heinrich sah der kopfschüttelnd Weggehenden hinterher, ließ sein angetrunkenes Bier stehen und ging nach Hause.

Ein Gesicht, eine Bewegung, alles das, was in ihm während seiner Beobachtungen des Tanzgeschehens als angenehm, reizvoll, gar aufreizend haften geblieben war, nahm er mit in seine Kammer. Wenn er sich streichelte und dabei seinem erregten Geschlecht nahe kam, hatte er stets ein weibliches Antlitz vor Augen, das ihm bald zum Glückszustand mit einem Erguss ins Taschentuch verhalf. Als einmal nachts seine Mutter hereinkam und beim Zwielicht von der Küche her Heinrichs lustvolle Hantierungen bemerkte, erschrak er ein wenig. Sie sah ihn kurz ruhig an, ging dann hinaus, schloss leise die Kammertür, ohne etwas zu sagen. Er hielt seine rechte Hand einige Momente lang still. Da er sich nicht schämen musste – sonst hätte seine Mutter nicht so reagiert –, tat er also nichts Schlimmes und brachte sich zur beglückenden Erleichterung.

Lamspringe

Heinrichs nächste Arbeit trat er als Melker auf einem großen Hof bei Lamspringe an, der sich in der Nähe zum ausgedehnten Klostergelände befand. Auf dem Weg vom Bahnhof zu diesem Bauernhof bemerkte er zwischen den zahlreichen Fachwerkhäusern auf einer Stange das schon ältere Wappen des Städtchens. Seit er die Begeisterung des Lehrers in Alt-Warmbüchen für ein Wappen mit einem Lönssymbol, der Wolfsangel, erlebt hatte, schaute er genauer hin, womit sich ein Ort einprägsam schmückte. Dass vieles anders aussah, als es hieß, hatte Heinrich in den letzten Jahren verstehen gelernt, auch, dass Bilder und Erklärungen manchmal nicht stimmten, sondern den Betrachtenden etwas weismachen wollten.

Im hiesigen Wappen war ein springendes Lamm zu sehen, das den Namen verbildlichte. Das schien ebenso einfach und so klar, wie in Hannover angeblich ein hohes Ufer an der Leine für den Namen der Stadt verantwortlich sein sollte. Als Heinrich eine ältere, einheimische Küchenmagd fragte, was es mit dem Lamm auf sich habe, erklärte sie es ihm etwas herablassend.

Das Bild im Wappen sei Unfug, Spring sei bloß ein hiesiger Ausdruck für das Sprudeln, für eine Quelle im großen Klosterpark, und zwar die der Lamme, dem kleinen Fluss hier. Es gab also ein bedeutendes Gewässer hier, das machte ihn neugieriger als eine weitere Erklärung des Wappens. »Kann ich da auch baden?«, fragte er sie etwas aufgeregt. »Na, wenn du dafür mal Zeit bekommst. Gehe besser in die Badeanstalt an der Dammstraße«, war ihre Antwort. Eine Dammstraße mit einer Schwimmgelegenheit daran, das gab es leider nicht in Hannover, aber ausgerechnet im kleinen Lamspringe!

Östlich vom Kloster lag das Bad mit dem teils verschlammten Schwimmbecken, das vermutlich von der Lamme gespeist wurde. Obwohl das Freibad nicht allzu weit vom Bauernhof entfernt war, nützte Heinrich diese günstige Lage nur wenig. Gerade in den warmen Sommertagen hatte er wieder einmal wegen der einsetzenden Ernte nur äußerst selten Gelegenheit, schwimmen zu gehen. Kurz vor einer Mittagspause oder vor dem Abendessen gelang es ihm manchmal, sich schnell im trüben Gewässer zu erfrischen, ohne Ärger mit dem Großknecht zu bekommen.

Während Heinrich sich von morgens bis abends um das Vieh auf dem Hof kümmerte, wurde unweit im ehemaligen Klostergarten von Lamspringe eine Freiluftbühne, genauer eine Thingstätte, errichtet. Es ging bei den dafür geplanten Thingspielen um die Förderung von Heimatgefühlen, so hörte er mal wieder, und darum, dass der Einzelne die deutsche Volksgemeinschaft durch das Bühnengeschehen erlebe und gläubig in ihr aufgehe. Das alte Klostergelände mit seinen Waldstücken und Gewässern sollte als malerische Kulisse wirken, um die behaupteten uralten germanischen Wurzeln des heutigen Deutschtums auch stimmungsmäßig heraufzubeschwören.

SA-Männer und dafür abgestellte Reichsarbeitsdienstler halfen, den einem Amphitheater ähnlichen Veranstaltungsort zu erbauen. Ihnen war zudem in Aussicht gestellt worden, dass sie später dort als Statisten auftreten dürften und in den Massenchören eindrucksvoll mitwirken würden. So etwas hätte Hermann Löns bestimmt auch gefallen, dachte Heinrich, als er vom Zweck der Bautätigkeit im Klosterpark erfuhr.

Aber die dafür vorgesehenen Stücke – das sprach sich schnell bis Lamspringe herum – kamen schon anderswo nicht so richtig an. Die Bauvorhaben für die Thingstätten stockten und selbst die meisten hiesigen NS-Funktionäre setzten augenscheinlich lieber auf Propaganda durch Aufmärsche, Film und Funk, zumal die beiden Letzteren nicht vom Wetter beeinträchtigt werden konnten.

Überdies wurde das halbgare Thing-Thema sowieso durch andere dramatische Entwicklungen in den Hintergrund gedrängt, denn kürzlich war der Kartoffelkäfer-Abwehrdienst (KAD) gegründet worden, der mit Parolen wie »Sei ein Kämpfer, sei kein Schläfer, acht' auf den Kartoffelkäfer!« zur Bekämpfung des Schädlings aufrief. Dieser längsgestreifte schwarz-gelbe Käfer, der unermüdlich die Pflanzenblätter der Kartoffeln wegfraß und damit deren Ernte gefährdete, sorgte unter der bäuerlichen Bevölkerung für wesentlich mehr Aufregung als jedes Theater. Sogar Schulkinder wurden klassenweise eingesetzt, um die massenhaft umherkrabbelnden Schädlinge einzusammeln. Wie im Weltkrieg kursierten Gerüchte, dass die Franzosen diese Schädlinge eingeschleust hätten, um die Landwirtschaft, speziell den Kartoffelertrag des Deutschen Reichs, zu ruinieren. Einige Felder wurden sogar trotz schwerer Bedenken mit Giften aus Arsenverbindungen besprüht, weil man mit dem Einsammeln der unersättlichen Käfer nicht hinterherkam.

Da der reiche Bauer, bei dem Heinrich nun für einen längeren Zeitraum als Melker eingestellt war, keine Kartoffeläcker hatte, sondern nur Felder mit Getreide und Rüben bestellte, dazu Kühe und Schweine züchtete, mussten sich weder er noch einer von seinem Hof praktisch mit den krabbelnden Fressfeinden befassen.

Besonderen Wert legte dieser Bauer auf deutlichen gesellschaftlichen Abstand zu seinem Gesinde. Ein reicher Landwirt wie er ließ sich und seine Frau von den Mägden und Knechten mit »Sie« und »Herr« beziehungsweise »Frau« anreden, während beide ihre Untergebenen konsequent duzten, mit dem Vornamen riefen und selbigen nach Belieben veränderten. Heinrich lief beim Bauern, je nach Laune, als Heini oder Hinni. Heinrich hatte nach seiner Einstellung nur eine weitere kurze Begegnung mit ihm. Er musterte ihn und sagte ganz langsam: »Wenn du glaubst, dass die Milch weiß ist, ich dir aber sage, die Milch ist schwarz, dann ist sie schwarz, merk dir das, Hinni!« Heinrich hatte mit »Ja« geantwortet und war stehen geblieben, bis ihn der Bauer an die Arbeit geschickt hatte. Damit habe er noch Glück, dass der ihm nur seinen Vornamen zurechtstutze, erfuhr er von den anderen. In der Nähe gebe es einen Hofeigentümer, der jeden jüngsten Knecht, der zu ihm komme, mit Kurt anspreche, ganz egal, wie der grad hieße. Und wehe, der Neue höre nicht drauf!

Einen weiteren Abstand des Gesindes von der Bauernfamilie brachte die Einrichtung einer besonderen Gesindestube mit sich. Dieser Raum befand sich im Wirtschaftsteil des Bauernhauses und war eine ehemalige Spinnstube, in der sich nun das wenige gesellige Leben des Gesindes abspielte. In ihr nahm Heinrich mit den Knechten und Mägden seine Mahlzeiten ein, in ihr verbrachte er besonders im Winter seine knappe freie Zeit und in ihr wurden selten gemeinsame Feste gefeiert. Vom Bauern, seiner Frau und deren beider Söhne wurde diese Räumlichkeit möglichst gemieden, sie feierten für sich oder nur mit denen, die sie für ihresgleichen hielten.

In der Gesindestube – manche sprachen häufiger auch schon vom Gefolgschaftsraum – wurde auch vorsichtig darüber geredet, dass immer noch Bauern entschieden an ihren traditionellen Kontakten mit jüdischen Viehhändlern festhielten, weil es eben eine lange profitable Kooperation zwischen ihnen gebe und diese Händler sich besonders gut mit dem Vieh und dem Markt auskennen würden. Erst so nach und nach füge sich die Landbevölkerung insgesamt der zunehmenden Judenverfolgung, sodass die Geschäfte der Juden nur langsam zurückgingen. Manchmal sei es sogar der Ortsbauernführer selbst, der sich in diesen Angelegenheiten heimlich der Partei widersetze. Sogar Treffen in abgelegenen Gasthäusern habe es gegeben, wo Bauern mit Juden ihre Geschäfte im persönlichen Gespräch regelten.

Nicht wenige – Heinrichs Hofherr gehöre dazu – wären durchaus dafür, den offiziell behaupteten Einfluss der großen, kapitalkräftigen jüdischen Eigentümer zu brechen, aber kauften weiterhin unbeeindruckt von der Parteipropaganda Waren in obskuren kleinen und ländlichen Geschäften ein, die es ihrerseits nicht so genau nähmen. So hätten jüdische Schlachter in der Nähe viel Vieh geschlachtet und einem örtlichen Schlachtermeister heimlich ihr Fleisch geliefert, obwohl der ein protziges Schild im Schaufenster stehen habe: »Deutscher Kaufmann«.

Seit Ende 1933 galt in den dörflichen Verwaltungen das Führerprinzip, als Gemeinderäte wurden generell Parteileute, Mitglieder der SS und SA berufen, die meistens Bauern oder ausgebildete Landwirte waren. Nur Heinrichs Bauer dünkte sich immer noch als der absolute Herr des Hofes und seines Gesindes, obwohl man wusste, dass ihm der Ortsbauernführer im Nacken saß. Das war wegen des Landwirts katholischen Glaubens und seines einstigen Engagements für die Zentrumspartei. Bis vor Kurzem hatte er noch öffentlich auf Hitler geschimpft, nun liebte es der Bauer, sich morgens breitbeinig und mit raumgreifender Gestik vor seine Gefolgschaft zu stellen und eine zeitgemäße Rede zu halten. Er wollte bei der nun allgegenwärtigen Partei unbedingt etwas gutmachen, das merkte man.

Sein theatralisches, vielleicht von der Thing-Idee inspiriertes Auftreten war neuartig, denn gewöhnlich regelte die Arbeitsverteilung morgens auf einem Bauernhof der Großknecht, die Großmagd und manchmal die Bäuerin, aber dieser Hofeigentümer, der sich selbst auch als deutschen Landwirt bezeichnete, begriff sich als örtlicher Führer in der Erzeugungsschlacht und wollte von seinen Mägden und Knechten auch so wahrgenommen werden. Ein Hagelschlag von bekannten Wörtern ging daher morgens auf die noch Schläfrigen nieder, die trotzdem einige Minuten mehr des Nichtstuns genossen, bevor es ans Tagwerk ging.

Wie bereits in Isernhagen, als er gerade einmal vierzehn gewesen war, behielt Heinrich schnell jede einzelne Kuh in seinem Gedächtnis und falls die einen Namen hatte, auch den. Ihre Fellzeichnung, ihr Gang und sonstiges Verhalten boten ihm sichere Wiedererkennungen. Nie vergaß er ihre Eigenheiten, ihre Reizbarkeit, besonders aber nie ihre Erträge und konnte dem Großknecht sagen, wie viel Liter sie beim letzten Melken erbracht hatte. Sein Gedächtnis erschien den anderen auf dem Hof phänomenal, und er konnte nach wie vor Kopfrechnen wie kein Zweiter in seiner Umgebung. Ohne mit seinen Fähigkeiten zu prahlen, war er innerlich auch stolz auf sich. Besonders die Mägde mochten den ruhigen und freundlichen jungen Mann, manche gemäß den ländlichen Sitten und der offiziellen Moral zu sehr. Eine aus seiner Sicht ältere Küchenmagd verwöhnte ihn hin und wieder heimlich mit Leckerbissen, die eigentlich für die Bauernfamilie zubereitet wurden. Der siebzehnjährige Heinrich nahm ihre Gaben an, bedankte sich kurz, blieb aber still und zurückhaltend. So viel Freundlichkeit machte ihn unsicher, da er nicht begriff, warum die Frau das tat.

Sicherheit gab ihm allein seine Arbeit. Wenn dabei keiner etwas von Blut oder Boden faselte, mit gehobenem Ton Reinrassiges lobte oder den Führer, weil der ja letztlich für die Futterrüben sorge, dann waren die Viehweiden, manchmal auch der Kuhstall im Winter, Orte ausgeprägten Friedens. Da log kein Schwein, kein Vieh, da wollte niemand Bekenntnisse von einem. Eine begrenzte Welt ohne die gängige Sprache, und Heinrich bewegte sich darin erleichtert von der ihn ansonsten umgebenden. War er mit seiner täglichen Arbeit trotz manchmal bedrückender Zustände auf dem Hof und darüber hinaus ganz zufrieden, so beunruhigten ihn nun seine Nächte, weil er sie nicht mehr allein verbringen konnte.

Ganz junge Arbeitskräfte ohne Familie mussten beim Bauern als Kuhjungen die Kühe hüten, alle möglichen Hilfsarbeiten und mehr verrichten. So ein Knabe, gerade mal vierzehn, kam auf den Hof zur Erntezeit und leistete an manchen Tagen sogar schwere Erwachsenenarbeit. Da keine andere Kammer frei war, teilte er mit dem nur wenig älteren Heinrich die Schlafstatt. Anfangs weinte sich der Junge manchmal leise in den Schlaf, aber nach einigen Nächten wurde er ruhiger. In einer Nacht schmiegte er sich derart an Heinrich, legte sogar einen Arm um dessen Oberkörper, dass der zu seinem Erstaunen ein hartes Glied bekam und er sich nicht anders zu helfen wusste als aufzustehen, schnell zum Klo zu eilen, um sich mit der Hand zu erleichtern. Denn mit einem Jungen heimlich etwas anfangen, das wollte er auf gar keinen Fall, obwohl er es sich vorstellen konnte. Die darauffolgende Nacht verlief ähnlich, sodass Heinrich nicht mehr wusste, wie lange das noch gut gehen werde.

Doch er brauchte sich nicht weiter mit dieser Frage herumzuschlagen, weil ein Knecht seinen Dienst in der Wehrmacht antreten musste und dafür ein Fünfzehnjähriger als Aushilfe auf den Hof kam. Die frei gewordene Kammer wurde den beiden Jüngeren zugewiesen, Heinrich hatte sein Bett wieder für sich allein.

Als sich Heinrich vier Tage später nach dem Abendbrot auf eine Bank im Hof setzte, gesellte sich ein am Morgen angekommener Wanderarbeiter zu ihm, blieb aber neben der Bank stehen. Er drehte sich eine Zigarette, zündete sie an und wandte sich nach dem ersten tiefen Zug an Heinrich: »Ich bin Achim, helfe hier bei der Ernte. Wie heißt du?«

»Heinrich.«

»Bist du hier ein Schweizer auf dem Hof?«

»Nein, ich bin Melker.«

»Holla, du kommst aus Österreich, aus der Stadt Melk? Das hört man dir gar nicht an.«

»Nein, ich bin Hannoveraner.«

»Ah, so wie die Reitpferde hier.«

»Nein, ich hab mit Kühen zu tun.«

»Also doch ein Schweizer.«

Heinrich schüttelte den Kopf.

»Nein, ein Melker.«

Achim nahm einen weiteren Zug aus seiner Zigarette und grinste plötzlich: »Weißt du, ich komme aus Bayern und alle, die da unten mit Rindviechern zu tun haben, die Melker und Sennen, nennt man auch Schweizer, selbst wenn sie gar nicht aus der Schweiz stammen.«

Heinrich nickte erleichtert, weil er nun endlich eine Zeitungsanzeige verstand, die er vor Jahren in Hannover gelesen hatte, und die ihm ein Rätsel aufgegeben hatte: »Schweizer oder eine tüchtige Viehmagd gesucht«.

Während sich Heinrich an seinem Verstehen erfreute, erzählte Achim munter weiter: »Jahrelang habe ich auf verschiedenen Höfen im Süden gearbeitet und will nun endlich mal das Meer sehen. So arbeite ich mich langsam von Süden nach Norden hoch, na ja, wenn es den Anführern der Arbeitsschlacht passt. Falls die Friesen da oben mich brauchen, habe ich es geschafft, mache die Heuernte am Deich und schaue nebenbei aufs Meer.

In Hannover bin auch schon gewesen, habe dort ein paar Tage in der Roten Reihe gewohnt. Es ist nicht mehr als ein Kabuff gewesen, wo ich als Kostgänger verpflegt worden bin. Da unterm Dachjuchhe habe ich anders als hier ein Bett für mich allein gehabt, wo sonst zwei Kinder schlafen, und die Mutter hat mir auch meine Wäsche gemacht. Für unaufschiebbare Bedürfnisse hat es unter meinem Bett einen blechernen Pisspott mit Deckel gegeben, den habe ich jeden Morgen drei Stockwerke hinuntergetragen, um ihn in eine der beiden Toiletten im Hof zu entleeren und dort mit der Handpumpe auszuspülen. Für die Toilette in der Zwischenetage habe ich keinen Schlüssel gekriegt, so weit geht das Vertrauen in einen Kostgänger dann doch nicht.«

Das Bauerntum wurde Mitte der Dreißigerjahre offiziell gefeiert wie noch nie. In Goslar veranstaltete man die Reichsbauerntage, und Heinrichs Hofherr war dabei. Beim gewaltigen Erntedankfeste auf dem Bückeberg bei Hameln, wo Rasse und Volkstum dem Nährstand zugesprochen wurden, fehlte er, aber man hörte ihn in Lamspringe und auf dem Hof in höchsten Tönen davon reden, und in den Zeitungen war der Führer sowieso häufig mit den dortigen nicht nur ländlichen Volksmassen zu seinen Füßen abgebildet. Wie Heinrich erfuhr, wollte die

Bauernschaft mit ihrer Anwesenheit und dem Zujubeln dem Führer ihren Dank abstatten. Er konnte dazu nur mit der Schulter zucken. Was hatte der mit seinen Kühen zu tun? Sollten die ebenfalls dem Führer danken? Selbst Heinrichs Mutter erwähnte das riesige Fest in einem Brief, worin sie auch mitteilte: »Adolf Hitler persönlich fuhr mit offenem Automobil durch Hannover, wurde von fast allen bejubelt, mit der erhobenen Rechten begrüßt und gefeiert. Kaum einer hatte das nicht getan, und bloß ein Einzelner in der tosenden Menge am Straßenrand hatte sogar die Arme verschränkt.«

Bei Erntedankfesten in den Landwirtschaftsbetrieben wurde es allerorts üblich, dass ein Parteigenosse der NSDAP eine Festrede hielt und man danach das Horst-Wessel-Lied sang. Dabei sollte der Hut oder die Mütze abgenommen und der Arm zum Deutschen Gruß erhoben werden. So sollte es auch in Lamspringe ablaufen. Nur der etwas begriffsstutzige Hütejunge, mit dem Heinrich kurze Zeit das Bett geteilt hatte, vergaß das augenscheinlich. Er behielt seine Kappe auf dem Kopf und bohrte sich in der Nase. Nach dem Lied bekam er vom Großknecht eine schallende Ohrfeige und wurde sofort vom Festplatz weggeschickt. Der habe sich in die Scheiße geritten, wahrscheinlich werde der noch besonders widrige Arbeiten machen müssen, hörte Heinrich die Umstehenden höhnen. Und tatsächlich musste der Junge nach Feierabend mit der großen Kelle allein die Jauche unter dem Klohäuschen in den Zinktank des Güllewagens löffeln. Der Junge tat Heinrich leid, er wusste aber nicht, wie er ihm Beistand gewähren könnte, denn helfen durfte er ihm nicht.

Heinrichs Einfühlungsvermögen war eben fast ausschließlich sinnlich, was ihm bei seiner Arbeit sehr zugutekam. Feingefühl in seelischen Dingen, vorsichtiges

Herantasten an Menschen, die er mochte, was nicht sehr häufig vorkam, hatte er nicht entwickelt.

Achim, der einstige Wanderarbeiter, war als Knecht auf dem Hof geblieben, hatte sich mit Heinrich angefreundet und ermahnte ihn öfter freundlich, mal mehr als einen Satz zu sagen: »Wenn du schon mal den Mund aufmachst, preschst du zu schnell, zu direkt vor, bringst andere in Verlegenheit, im besten Fall zum Lachen.«

Gar nicht zum Lachen fanden Achim und Heinrich die hier in Lamspringe allesamt ähnlichen Aufmärsche von NSDAP-Organisationen, die sie manchmal nach Feierabend als Zuschauende erlebten. Am Heldengedenktag 1936, fünf Wochen vor Ostern, bewegte sich in der Abenddämmerung ein Fackelzug mit Fahnen, Marschierenden in verschiedenen Uniformen, vielen düsteren Gesichtern und abschließenden schneidigen Reden durch den Ort. Ein Männerchor Lamspringes intonierte: »Ich hatt' einen Kameraden«, und die Beteiligten bekamen noch ernstere Gesichter. Heinrich wollte keinen, der mit ihm im gleichen Schritt und Tritt ging, aber die beginnende Freundschaft mit dem redegewandten Achim tat ihm gut, vor allem nachdem er Christine, die neue Magd, erblickt hatte.

Die blonde Christine, von allen Stine gerufen, war ein Mädchen mit sonnigem Lächeln, gerade 16 geworden und wurde täglich hübscher. Da war sich Heinrich ganz sicher, der sie vom ersten Augenblick an heimlich verehrte. Mittelgroß war sie, hatte runde Waden, kleine feste Füße, die sie zu seinem Bedauern aber meistens in Gummistiefeln verbergen musste. Aber das für ihn Wunderbarste, ihr Antlitz, blieb unverdeckt, vom Gelb ihres dicken Zopfes am Hinterkopf geschmückt. Nur selten entfesselte sie ihre Flechten zur ihm golden erscheinenden Haarflut, von der Heinrich kaum seine Augen abwenden konnte.

Mit kargen Sätzen erzählte er Achim von ihr, dass er sie in die Arme nehmen und lieben wollte. Kopfschütteln war dessen erste Reaktion, dann sagte er eindringlich: »Da musst du freundlich sein, schöne Dinge erzählen oder erfinden. Du bist zu taktlos. Mädchen sind keine Kühe, da musst du Blicke tauschen, reden, interessant sein. Einfach anpacken, das geht nicht. Der Bauer oder sein Sohn können sich das erlauben. Du nicht. Du musst schon was dafür tun, dass sie dich ansieht.«

Spannenderes als die Aufmärsche entwickelte sich mit ihr auf dem Hof. Hannes, der Jungbauer, nur vier Jahre älter als Stine, umgurrte sie seit Wochen wie ein liebestoller Täuberich. Stine lächelte zwar, sie lächelte sehr oft, sogar die anderen Mägde mochten das, aber unbeirrt ging sie ihren Aufgaben als Magd nach. An ihrer Arbeit hatte der Bauer nichts auszusetzen, sie war tüchtig. Bloß beobachtete er das katerhafte Umherschleichen seines Jüngsten manchmal vom Pferdestall aus, was wiederum Heinrich oben vom Heuboden aus mehrfach bemerkt hatte.

Wann immer es ihm möglich war, versuchte er selbst, Stine vor oder in der Milchkammer wie selbstverständlich zu begegnen. Nach dem Melken bot sich öfter die Gelegenheit, den Aufenthalt dort zu verlängern, wenn er besonders gründlich die Melkeimer reinigte. Als Heinrich dort an einem Vormittag ganz selbstvergessen Stine beim Buttern erlebte, wurde ihm vollkommen egal, was er vom Milchmangel durch Butterherstellung wusste. Er sah Stine durch einen Türspalt in der Milchkammer zu, wie sie vor sich hin summend einen Eimer mit abgeschöpftem Rahm sorgfältig in das hohe hölzerne Butterfass goss, aus dem eine lange Stange ragte, der sogenannte Stößer, über den sie den gleichfalls hölzernen Deckel mit dem Loch darin schob und das Fass damit oben abdichtete. Dann packte sie den Stößer beidhändig, hob und senkte ihn unermüdlich, um das sahnige Weiß im Fass darunter langsam zu Butter zu machen. Dabei mischte sich in den für die Milchkammer typischen Geruch von Reinigungsmittel und Sahne ein Hauch von Schweiß hinein. Heinrich war hingerissen davon, wie sie die Stange ohne Unterlass kraftvoll bewegte und versank in den Anblick ihrer hingebungsvollen Tätigkeit.

Schöne runde, glänzende Schultern entblößten sich, wenn ihr das Tuch oder Hemd beim Hantieren ein wenig hinunterrutschte. Dickes blondes Haar, eine Stupsnase, fein geformte hellrote Lippen, dahinter eine perlende Zahnreihe betrachtete er ebenso entzückt, wie die Haut ihres Brustansatzes, die in der Farbe kostspieliger Wachskerzen schimmerte. Besonders faszinierte ihn das sich langsam herausbildende feine Schweißbärtchen über ihrer Oberlippe, das ihn entrückte und erregte, ja ihm ersehnte Leidenschaft zu versprechen schien.

Durch einen schmalen Schlitz in der Bretterverschalung der Scheune beobachtete Heinrich zwei Tage danach in einer klaren Vollmondnacht ein bisher ungesehenes Schauspiel, in dem er den Kopf seiner insgeheim Angehimmelten halb von vorn, halb von links erblickte. Hübscher denn je erschien sie ihm, als der jüngste Bauernsohn ihr den Rock hob und sie von hinten mit einem Ruck bestieg, als ob der noch etwas Schmächtige ein wuchtiger Bulle wäre. Er saß ihr hinten auf, zerrte ihre Bluse nach unten, umfasste ihre kleinen Brüste und beide bewegten ihre Hüften hin und her. Sie gab kleine helle Laute von sich, er ächzte.

Heinrich beobachtete, wie er sich in gleichmäßigem Takt hinter ihrem Rücken hin und her bewegte, wobei ihr Rocksaum bis zu ihrem Nacken hochgeschoben wurde. Nur etwas von der Seite und mehrere Meter entfernt hatte er ihren Kopf mit dem leicht geöffneten Mund erblickt. Sie sah wunderbar aus! Nur wenn sie butterte, er ihren ganzen sich färbenden Kopf samt Hals und Schultern anschauen konnte, hatte er mehr davon.

Es sah wie ein Schaukelspiel für Erwachsene aus, fand Heinrich, er sah ihre Haarflechten pendeln, ihre Wangen erröten, ihre Lippen sich öffnen, als ob sie unsagbar Kostbares von sich geben könnten. Dass der Jungbauer dabei nicht in ihr wunderbares Antlitz schauen wollte, verstand Heinrich ganz und gar nicht. Er hätte es mit ihr von vorn getrieben. Einen stärkeren Reiz, als ihr Gesicht direkt vor seinem zu haben, konnte er sich nicht vorstellen. Genauso erregt wie jetzt wollte er Stines Gesicht immer vor sich sehen, Tag und Nacht.

Dass er es nicht war, der sie in diesen wunderbaren Zustand brachte und damit auch sich selbst, störte ihn wenig. Sie so zu sehen, und sei es mit dem anderen, war köstlich. Der Bauernsohn war ihm egal, der ging ihn nichts an, Eifersucht empfand er nicht. Stine so ganz nahe vor seinen Augen zu haben – selbst das Sterben würde ihm nichts mehr ausmachen.

Kurz bevor seine schwingende Hüfte immer schneller wurde, ihr Stöhnen tiefer und sein Ächzen langgezogener, stieß sie Hannes mit beiden Ellenbogen von sich, entwand sich seiner Hüfte, schob den Rock über ihren Hintern. »Gut, es ist gut. Du wirst mir doch kein Kind machen wollen«, sagte sie erstaunlich gefasst. Der Bauernsohn war verdutzt, presste sie noch einmal an sich, sie entzog sich ihm erneut, strich mit den Händen ihren Rock glatt und verließ die Scheune.

Heinrich wartete eine Weile, bis Hannes sich wieder angezogen hatte und ins Bauernhaus verschwunden war. Danach schlich er erregt und verwirrt zugleich über den leeren Hof in seine Kammer, legte sich so, wie er war, aufs

Bett und wollte Hand an sich legen, knöpfte aber nur die Hose auf, bevor er seit langer Zeit wieder einmal weinte und dabei einschlief.

Nach Mitternacht weckte ihn ein Geschrei, er stand auf und sah hinaus. Hannes, betrunken offenbar, rannte durch den Hof und rief mit hoher kratziger Stimme wiederholt: »Stine, komm raus! Ich heirate dich, Ehrenwort!«, kurvte zwischen Bauernhaus, Scheune und Stallungen, bis er, noch bevor der Bauer und der Großknecht ihn packen konnten, seinen Kopf in den Wassertrog tunkte.

Am nächsten Tag war Hannes fort. Morgens schärfte der Großknecht der Gefolgschaft ein, über den nächtlichen Radau kein Wort außerhalb des Hofs zu verlieren. Alles bleibe ansonsten so wie vorher. Also an die Arbeit. Die Ansprache des Bauern blieb aus. Der Hannes habe doch einen Knall, sagte man danach. Ein Bauer, der eine Magd heiratete, verlöre an Achtung. Das wusste sogar das Gesinde.

Im Gesinde waren Fälle bekannt und machten die Runde, in denen ein Bauernsohn mal eine Magd geheiratet hatte. Man ließ solche Familien von nun an merklich links liegen, die Frauen waren kaum im Kreise der Bäuerinnen zu finden, und wenn einmal, etwa bei Beerdigungen, dann wurden sie möglichst übersehen. Sie gehörten einfach nicht richtig dazu.

»Bei dem Alten dreht sich doch alles nur um seinen Hof. Ehe der eine fleißige Magd rausschmeißt, schickt er lieber erst einmal seinen Tölpel von Sohn weg«, sagte Achim zu Heinrich. »Stine wird hierbleiben, die arbeitet gut. Wenn sie das weiter tut und sich mit einem von uns einlässt, ist das dem Bauern egal. Arbeit geht vor Moral. Jeder von uns, der hier vom Hof geht, Mann oder Frau, bürdet den Übrigen nur noch mehr Arbeit auf, und neue jüngere Knechte und Mägde müssen erst einmal viel lernen.«

Zwei Tage später hörte Heinrich durch die halb geöffnete Tür zum Stall Stine, die in der Milchkammer mit ihrer hellen Stimme halblaut sang. Er unterbrach das Melken, was er sonst nie tat und was auch untersagt war, und ging zur Tür, um ungesehen zu lauschen. Erst verstand er sie nicht, aber den Schluss begriff er schon:

Auf dieser Welt hab ich keine Freud,
Ich hab meinen Schatz, und der ist weit.

Warum sich Heinrich gerade jetzt an einen besonderen Trick zur Verbesserung der Milcherzeugung erinnerte, das sogenannte Kuhblasen, konnte er sich nicht erklären.

»Wenn du feste in die untere hintere Öffnung einer Kuh bläst, in die Vagina, dann tut der das gut. Das reizt sie, noch mehr Milch im Euter zu erzeugen, die du dann melken kannst. Mach das ruhig mal, wenn du meinst, dass sich eine zu wenig abzapfen lässt«, hatte ihm ein erfahrener Melkknecht in Fallingbostel erklärt. Heinrich staunte, als der Ältere ihm das zeigte, nachdem dieser vorher das Hinterteil der Kuh mit Stroh und dann einem nassen Lappen abgewischt hatte. »Wie gesagt, das tut Kühen gut und bringt mehr Milch. Und das kannst du auch noch ganz woanders machen, wo es ganz und gar nicht um Milch geht«, hatte der ihm mit einem für Heinrich damals noch unverständlichen Augenzwinkern erklärt. Wieso das funktionieren sollte, hatte ihm der Ältere allerdings nicht darlegen können, was Heinrich sehr schade fand.

Nun überwand sich Heinrich dazu, es auch mal zu versuchen, weil er mit einer Kuh nicht ganz zufrieden war, die am nächsten zur Milchkammer im Stall stand. Sie hatte einen schwarzbunten Fleck, der aussah wie die Umrisse der Insel Borkum, an die er sich noch vom Unterricht in

Heimatkunde erinnerte. Er sprach sie mit ruhiger Stimme an, streichelte ihr vorsichtig die hintere Flanke, dann nahm er den Strohwisch zur Hand, anschließend den großen nassen Lappen aus dem Eimer und wischte behutsam über ihre Vagina. Das Tier zuckte nur kurz etwas unwillig, ließ die Prozedur aber ohne weitere wahrnehmbare Reaktion über sich ergehen. Heinrich legte seinen kräftig pustenden Mund nun fast auf das Geschlecht der Kuh, die ruhig blieb, und wiederholte das einige Male. Erst als er sich Atem schöpfend von dem Tier abwandte, bemerkte er Stine, die gerade aus der Milchkammer getreten war und das ungewohnte Geschehen mit großen Augen betrachtete. Heinrich sah sie ohne jede Verlegenheit an und sagte: »Puh, ist das anstrengend!«

»Nee, ich finde das ein bisschen fies.«

»Warum denn? Wenn es ihr guttut.«

Ihre Wangen färbten sich rot. »Na, du bist mir einer«, sagte sie mit angedeutetem Kopfschütteln.

»Ja, deiner wäre ich gern«, entgegnete er mit energischem Nicken und fügte hinzu: »Ich habe euch gesehen, neulich. Das möchte ich auch mit dir machen, wenn du willst.«

Die hübsche Magd hatte ihn aufmerksam betrachtet, leise und langsam gesagt: »Bei dir würde ich bestimmt auf Sand bauen.«

Eines Nachmittags passte er Stine ab, als sie mal wieder aus der Milchkammer kam, um ihr auswendig ein Gedicht vorzutragen. das in seinem Büchlein von Ringelnatz stand.

»Das ist ein Gedicht für dich«, sagte er ihr.

Ausgewählt hatte er es, weil er von Achim gehört hatte, dass Mädchen so etwas mochten, besonders wenn es zu ihnen passte. Also legte er los, wobei ihm die kurzen Sätze bei seiner kaum modulierten Aussprache entgegenkamen:

Liedchen

Die Zeit vergeht.
Das Gras verwelkt.
Die Milch entsteht.
Die Kuhmagd melkt.

Die Milch verdirbt.
Die Wahrheit schweigt.
Die Kuhmagd stirbt.
Der Geiger geigt.

Stine hatte zugehört, den Kopf geschüttelt, die Stirn gerunzelt und sagte: »Ich bin keine Kuh, aber du bist gewiss ein Ochse.«

»Nein, kein Ochse«, entgegnete Heinrich nachdenklich.

»Wenn du so bleibst wie jetzt, Heinrich, machst du's nicht lange, dann stirbst du bestimmt vor mir«, sagte sie gar nicht schnippisch, eher besorgt, und ließ ihn vor der Milchkammer stehen.

»Wo der Wind weht, der Wind weht / Da bin ich zu Haus«, sang er abends abseits des Hofes, hielt plötzlich inne, um zu überlegen. Er fuhr fort mit der von ihm veränderten letzten Strophe des Löns-Lieds:

Ein Mädchen, ein Mädchen
Wie Milch und wie Blut,
Die fand ich auf dem Hofe,
Und der bin ich gut.

Nach einer Pause sagte er zu sich: »Aber nicht gut genug.«

Dammstraße

Und wieder kehrte Heinrich in die Dammstraße 17 zurück, freute sich über seine Mutter, der es ganz gut ging, wurde freundlich vom Gärtner, wie er ihn nun für sich nannte, empfangen. Nach langer Abwesenheit in ländlichen Gefilden hatte ihn das städtische Treiben schon im Hauptbahnhof wie ein peitschender Schlag von einem Kuhschwanz getroffen. Aber das war nicht alles, denn in der großen Stadt hatte sich in den knapp zwei Jahren seiner Abwesenheit einiges verändert oder war im Wandel begriffen, wie ihm bald bei weitschweifenden Spaziergängen auffiel: Ein Hermann-Löns-Park war in Arbeit, so hörte er, und ging hinaus nach Kleefeld, wo der einst modrige Teich bereits zu einem kleinen See ausgeweitet und gestaltet worden war.

Auf dem Waterlooplatz fand er keinen Leibniztempel mehr, der thronte nunmehr im Georgengarten auf einem Hügelchen, wie er bei einem weiteren Spaziergang feststellte. Und immer wieder traf er auf blau, schwarz oder braun uniformierte Männer, die sonntags in Gruppen oder mit Familie durch das städtische Grün zogen.

Am Südufer des neu angelegten Maschsees auf einem Wiesenabschnitt, etwas abseits am Rand des Strandbads, sah es im Juni 1937 hingegen gar nicht uniform aus. Handtücher, Decken, Körbe und Taschen mit Essen und Lesestoff, nichts in Reihe und Glied, Schwimmhosen verschiedener Länge, vom knappsten Dreieck bis zum längeren schlotternden Modell, farbige Badeanzüge, nicht selten auf Mädchenköpfen gezwängte bunte Badekappen. Endlich hatte er wieder Zeit zum Schwimmen und wollte es auskosten, so oft wie möglich durchs Wasser zu gleiten!

Ihm entgegen ragte jetzt eine Haartolle, hoch über der Stirn, glänzend und geschniegelt wie der Körper eines Reitpferdes. Denn Heinrich hatte sich in die Nähe von vier jungen Leuten gelegt, wie er sie in Hannover noch nie gesehen hatte, im Lamspringer Bauernhof und drum herum schon gar nicht. Zwischen ihnen stand ein Grammofon mit einer schwarzen Platte auf dem Teller, einer legte behutsam die Nadel auf die sich drehende Scheibe und nie Gehörtes, ja Unerhörtes drang in Heinrichs Ohren. Die Melodie, so völlig neu sie für ihn war, gefiel ihm gleich. Er versuchte, zur Musik mit den Fingern zu schnipsen, merkte aber schnell, dass er hinterherhinkte. Ein bisschen Rhythmus habe ich ja, aber kein Taktgefühl, dachte er schulterzuckend. Drei Grammofonplatten hörte er sich mit wiegendem Kopf an, wobei er Namen aufschnappte wie Artie Shaw und Count Basie. Nie gehört vorher.

Er nahm Wörter, Gesten und Bewegungen mit Augen und Ohren auf, hörte Wortfetzen zwischen der Plattenmusik, die er noch nie vernommen hatte und deren Bedeutungen ihm rätselhaft waren: Jazz, Swing, du Ei, du Kürbis, das ist hot. Sie begrüßten zwei Hinzugekommene gedämpft mit Heil Hotler, behaupteten, dass sie etwas schnallen und dass es pfundig, ja ganz prima sei, sich hier zu treffen. Ein paar Ältere auf einer Decke in der Nähe meckerten verhalten wegen des »Nigger-Jazz«, mit dem sich die sechs Jugendlichen beschäftigten, ließen sie aber sonst in Ruhe.

Später in der Dammstraße fragte Heinrich seine Mutter nach solchen merkwürdigen Leuten, ihrem Hot, Swing und Jazz. Er berichtete von der geschniegelten Tolle, einer Sonnenbrille, dem lockeren Tuch um den Hals, fehlendem Schlips und Jackett, dafür habe es einen schrägen Hut und eine im Mundwinkel eingeklemmte Zigarette gegeben. Seine Mutter nickte und sagte, dass ihr solche Swingheinis schon ein paar Mal aufgefallen seien. Die wollten ihre Kleidung, ihre Frisuren offensichtlich möglichst ungewöhnlich tragen, über Strenges und Kerzengrades machten die sich lustig. Um jeden Preis schräg, schlaksig und lässig wollten die wirken, alle exakten, gleichförmigen Bewegungen und Bekleidungen würden sie verachten. »Sich selbst nehmen die dagegen ganz schön wichtig, aber ihre Musik ist schmissig, und Mut haben die schon«, fügte sie hinzu.

Erst einmal freute sich Heinrich wegen des guten Wetters und war begierig auf seine ersten Schwimmzüge im Wasser des neuen Sees. Die Klänge vom Grammofon wurden leiser, je näher er dem Sandstreifen am Seeufer kam. Gut gelaunt wie schon lange nicht mehr rannte er in das nur langsam tiefer werdende Wasser, stürzte sich endlich mit einem kurzen Schrei in das eine wohlige Gänsehaut hervortreibende Nass.

Am meisten überraschten ihn während seiner Erkundungen zu Fuß die als Sanierung bezeichneten Veränderungen im Bereich des Ballhofs, der Kreuz- und der Burgstraße. Gleich um die Ecke, am Ballhofgebäude, war von der städtischen Obrigkeit ein geräumiger Platz geschaffen worden, dem das architektonische Gemenge von alten Fachwerkbauten, Hinterhäusern und bröckelnden Mauern zum Opfer gefallen war. Die Zeitungen schrieben von der »Gesundung der Altstadt«, weil damit auch die ärmsten Bewohner verdrängt worden waren, und die Nationalsozialisten waren stolz auf das künftige Hitlerjugendheim, mit einer Wolfsangel geziert, und das Heim für den Bund

Deutscher Mädchen, die das alte Ballhofgebäude flankierten. Rund um den alten Platz hatten bis vor Kurzem viele jüdische Familien gelebt, die durch die rabiate Neugestaltung vertrieben worden waren. Dr. Liepmann hatte in einem der nun abgerissenen Gebäude manchmal einen jüdischen Freund besucht, der hier ein Möbellager besessen hatte, aber das war ebenso spurlos verschwunden wie ein alter Kinosaal, den Heinrich noch gekannt hatte.

Sein Stiefvater arbeitete nun im Großen Garten von Herrenhausen, hatte viel mit Rabatten, Buchsbaum und Blumenzwiebeln zu tun, nichts mehr mit Gemüse und Kräutern, aber verdiente auch mehr als vorher. Die Stadt, berichtete der Gärtner, habe die Anlage von den Welfen, diesen adligen Eigentümern, erworben und sei nun kräftig dabei, die Parkanlage zu renovieren, zu restaurieren, zu erneuern gar. Bei Sauerkraut mit Bratwurst und Kartoffelbrei erzählte er dem wie gewöhnlich schweigsamen Stiefsohn von seiner derzeitigen Arbeitsstätte: »Ganz neu soll ein Irrgarten angelegt werden, der zu so einem Barockgarten passt. Wobei das Gerücht umgeht, es habe dort in Herrenhausen nie so einen gegeben, Egal, es dreht sich alles um schöpferische Denkmalpflege, wie mein Meister immer sagt. Die Stadt Hannover will einen idealen Barockgarten. Meinetwegen, soll sie! Ich verdiene gut, mehr als früher. Die meisten allerdings, muss ich zugeben, kriegen sehr wenig, denn die Stadt hat uns Gärtnern hauptsächlich Arbeitslose als Hilfskräfte geschickt, die das Arbeitsamt bezahlt, weil es angeblich Notstandsarbeiten sind, was die da machen. Ist zwar Quatsch, aber egal.«

Da komme zudem massenhaft elektrisches Licht in die Gartenanlage, um nachts alles prächtig zu beleuchten, es gebe neue terrassierte Aussichtsflächen, und die Fontänen in den Teichen sollten auch wieder höher schießen.

»Die Eröffnungsfeier ist schon vorbei, aber ich gehe gerne mal mit dir durch die Anlage, wenn der größte Besuchsandrang vorbei ist«, versicherte der Gärtner seinem Stiefsohn.

Helmstedt

Zum Antritt seiner nächsten Stelle musste er frühmorgens mit dem Zug nach Helmstedt fahren. Am dortigen Stadtrand fand er nach einem Fußmarsch bald den mittelgroßen, nahe am Wald gelegenen Hof, dem er zugewiesen worden war. Er meldete sich beim Großknecht, der zwar Stiefel an den Füßen hatte, aber ansonsten eine makellose Joppe trug und nicht einen Fleck, nicht einen Strohhalm auf seiner Hose hatte.

Der Stellvertreter des Bauern wies ihn in eine kleine Kammer ein, die unmittelbar neben dem Eingang zum Kuhstall lag. Aus praktischen Erwägungen solle er dort schlafen, weil er von hier aus die Geburten von Kälbern oder Erkrankungen der Kühe besser wahrnehmen und schneller eingreifen könne. Der Bauer und sein Großknecht hingegen schliefen weit weg von den Stallungen, merkte Heinrich bald – so als ob sie das Vieh nichts anginge, dachte er sich.

Seine Gesindekammer war derartig klein, dass er nur das Notwendigste, eben das, was er in seinem Rucksack und dem kleinen Holzkoffer hatte, in ihr unterbringen konnte. Er war froh, den größten Teil seiner Habseligkeiten in der Dammstraße zurückgelassen zu haben. Die größte Fläche des Raums nahm ein breites Bett ein, in dem er aber glücklicherweise allein schlafen durfte, da es dem Hof an Knechten mangelte. Am Fußende seiner Schlafstätte stand eine abgeschabte Truhe mit Vorhängeschloss, neben dem Bett ein Hocker. Einen Kleiderschrank gab es nicht, was er täglich anzog, hängte er unter einem Eckbrett mit einem

Vorhang davor auf, alles andere kam in die immerhin verschließbare Holztruhe.

Seine wenigen Kleidungsstücke für unterwegs oder sonntags durfte er nach seiner inständigen Bitte und der Fürsprache durch den Großknecht in einem Flurschrank im Wohnhaus aufhängen. Denn wenn Heinrich schon mal seine beste Hose, das Hemd, die Weste und das Jackett trug, wollte er nicht den alltäglichen Stallgeruch in der Nase haben.

Seine Kammer mit ihrem Betonfußboden, auf dem ein verschlissener Teppich lag, konnte er bloß vom Kuhstall aus betreten. Wollte er durchlüften, blieb ihm nur die Möglichkeit, das kleine Fenster seines Raums gleichzeitig mit der Stalltür aufzusperren. So blieb es immer etwas klamm in seinem Schlafraum, und der Stallgeruch wich auch nachts nicht. Noch feuchter als seine Kammer war die des Pferdeknechts, stellte er fest, als er die einmal betrat. Der ein paar Jahre Ältere stöhnte, als Heinrich das mit einer Bemerkung feststellte, und sagte bedrückt: »Auf die Dauer halte ich das hier sowieso nicht aus. Dieser Eiskeller von Bude macht mich noch fertig. Ich würde lieber gestern als morgen hier verschwinden. Geht aber noch nicht, den festen Lohn hier brauche ich für meine kranke Mutter.«

Heinrichs künftige Bezahlung war nur ein wenig besser als in Lamspringe, wobei er so nebenbei mitbekam, dass die Knechte immer mehr für ihre Arbeit erhielten als die Mägde, auch wenn sie die gleiche Arbeit verrichteten. Er empfand das ungerecht, da die sich doch, genau wie er und die anderen Knechte, von früh bis spät abrackerten.

Dem Bauern schien es so gut zu gehen, dass er sich nicht mehr die Hände schmutzig machte. Mit Frau, Tochter, Sohn und seiner Mutter lebte er schon länger im von Stall- und Wirtschaftsgebäuden getrennten Wohnhaus und umgab sich dort nach bürgerlichem Vorbild mit neuen Einrichtungsgegenständen. Von Polstergarnituren über mannshohe Spiegel, Gardinen mit Stores, gemusterten Tapeten bis hin zu dicken Teppichen gab es Altbekanntes. Es war eine typische Gute Stube wie sie Heinrich in Hannover bei anderen Leuten schon mal gesehen hatte, sie war nur größer, höher und dunkler. Als Angehöriger des Gesindes betrat er sie nie, sondern konnte sie nur zweimal durch die geöffnete Tür vom Flur aus in Augenschein nehmen. Zu den Mahlzeiten zog sich die Bauernfamilie in ihr Esszimmer zurück. Das Gesinde aß weiterhin am langen Tisch in der Küche und bekam natürlich mit, dass das bessere Essen beim Hofherren und seinen Angehörigen landete.

Kurz nach dem ersten Mittagessen beobachtete Heinrich eine Schwebefliege im Hof, die mit ihren Flugbewegungen diesen neuartigen Hubschraubern ähneln sollte, von denen er in Hannover gelesen hatte. Sie stand anscheinend in der Luft, starrte ihm ins Gesicht, er versuchte, ihre Augen zu fixieren, doch sie ruckte im nächsten Augenblick zur Seite. Als er zum Stall gehen wollte, bemerkte er sie auf der Bank unter der Linde, neben ihr eine Wespe. Beide saßen nah beieinander und fraßen hingebungsvoll an einem großen Krümel. Plötzlich schnappte die Wespe mit ihrer Kiefernzange die Schwebefliege, säbelte ihr flott den Kopf ab und knabberte eifrig am Rumpf ihrer kurzzeitigen Fressgefährtin. Heinrich schüttelte den Kopf und ging an die Arbeit.

In der Gesindestube wurde abends über die Physiognomie bei Menschen gesprochen und was die über deren Charakter preisgebe. Einer sagte, es sei doch völlig klar, dass es gute und minderwertige menschliche wie tierische Rassen gebe. Für alle kam nun einer der raren Momente, wo Heinrich mal die Stimme hob und ungewohnt laut sagte: »Viehsionomik, ich weiß es von den Kühen, das ist doch Blödsinn. Davon, wie ein Tier aussieht oder auch ein Mensch, kann man doch nicht sagen, wie es in ihm aussieht! Hinter ihrer Farbe lebt die eigentliche Kuh!« Dann schwieg er erst einmal.

Vom Aussehen her mochte er besonders die Kühe mit den schwarzen Fleckenflächen, die ihn an den Erdkundeunterricht erinnerten. Da gab es ein querliegendes England, ein Australien mit Wurmfortsatz, einen verlaufenen Pfannkuchen oder den Umriss der Ostsee, wie er ihn aus dem Schulatlas kannte. Die Einteilungen bei Kühen, etwa in schwarzbunte aus dem Norden und braunbunte aus den Alpen, konnte er nachvollziehen, das sah man, und er kannte beide. Beide gaben gute Milch und der eine Bauer bevorzugte die, der andere Bauer jene. Aber Menschen konnte er so nicht einteilen. Welche gut waren, das konnte er nicht über das Aussehen oder den Geruch entscheiden, das lag für ihn nur daran, wie sie sich verhielten.

Heinrich wusste von Kühen: Braune, Kurzhaarige, Langhaarige, Schwarzbunte, Rotbraune und so weiter werden miteinander gekreuzt, um später mehr Milch zu geben oder mehr Fleisch, je nach dem, was der Züchter will. Reinrassig ist da nichts. Was soll daran schlecht sein?

Laut zählte er auf: »Es gibt schwarzbunte holländisch-friesische Rinder, schwarzbunte Höhenrinder aus der Westschweiz, Rotviehbestände aus der Schweiz ...« Dann wurde er unterbrochen: »Du hast eben keine Ahnung von menschlichen Rassen, Heini.« Heinrich nickte und sagte: »Das stimmt, habe ich nicht. Menschen sind Menschen. Sehen alle verschieden aus. Jeder und jede. Aber das heißt nichts.«

»Du hast also etwas gegen die Rassenpolitik des Führers, oder?« Mit Politik und den aufregenden, insbesondere den wütenden Reden und Beschuldigungen konnte er nach wie vor nichts anfangen, also hielt er den Mund, nippte am Bierkrug und dachte über sein bisheriges Arbeitsleben nach.

Von wegen viele Höfe kennenlernen nach Lust und Laune, heute hier, morgen dort! Leuten wie ihm wurde eine Menge vorgeschrieben, und ganz egal wie die jeweilige Arbeitsstätte aussah, man musste dableiben, rackern und durchhalten. Den Beruf zu wechseln, das war den in der Landwirtschaft Arbeitenden sowieso grundsätzlich verboten worden, trotzdem geschah es andauernd. Die heftige Unzufriedenheit mit den Bedingungen im bäuerlichen Betrieb hatte Heinrich gleich beim Arbeitsantritt nicht bloß vom Pferdeknecht mitbekommen, sondern zurückhaltender auch von anderen.

Ein Landarbeiter, der lange vorher in der Gesindestube öfter die besseren Löhne in der städtischen Industrie, insbesondere der Rüstungsindustrie, gepriesen hatte, war eines Morgens mit Sack und Pack verschwunden. Angeblich wusste niemand, wohin der wollte, als der Großknecht jeden Einzelnen befragte.

Aber Heinrich erfuhr in den folgenden Wochen von einem Aushang, dass ab Oktober 1937 die »Grundregel des Reichsnährstandes für die Ausbildung in den männlichen praktischen Berufen der Landwirtschaft« galt, mit der die Ausbildung für Berufe wie den eines Melkers geregelt wurde. Die Ausbildungszeit dauerte nun zwei Jahre als Grundlehre mit abschließender Landarbeitsprüfung, danach folgte eine zweijährige Sonderberufslehre mit Gehilfenprüfung. Bloß müsste er dafür möglichst bald zu einem der großen Bauernhöfe wechseln, die eine derartige Lehre anboten.

Heinrich arbeitete nun schon länger als Melker ohne Prüfung, weshalb er manchmal auch nur unspezifisch als Arbeiter bei den Behörden geführt wurde, aber nicht als

Fachkraft. Er überlegte, ob er diese Ausbildung machen wollte, falls man ihn dazu aufforderte. Täte er das, winkte ihm später eine höhere Einstufung innerhalb des Gesindes und gewiss eine bessere Entlohnung.

Am und im Hof sangen, zwitscherten, tirilierten verschiedene Vögel und machten jede Menge Rabatz, der Heinrich wohltat. Sie tanzten nicht nach einem Muster und sangen nicht im Chor. Die Lerche über dem Getreidefeld erfreute ihn, wenn er am Nachmittag bei der Ernte aushalf, abends sang regelmäßig eine Amsel auf dem Scheunendach und nachts, wenn er mal nicht schlafen konnte, schlich er aus dem Hof, hoffend auf eine Nachtigall am Waldrand, die ab und zu ihre Weisen zum Besten gab. Aber besonders das Konzert der Amsel nach dem Abendessen wollte er an jedem Sommerabend unbedingt hören. So galt er bald als verschroben.

Tagsüber begegneten sich manchmal zwei Amseln im Hof, umkreisten sich, folgten einander und schienen sich auch manchmal fast zu prügeln, aber je wärmer es wurde, umso seltener konnte er das beobachten. Eines dieser Amselmännchen, manche sagten Amselhähnchen, saß nach dem Abendessen gewöhnlich auf dem Ziegeldach der Scheune, sodass es direkt auf den Hof hinuntersah und man es von unten erblicken konnte. Es sang Melodien, die Heinrich noch viel abwechslungsreicher, lustiger und einschmeichelnder vorkamen als die im Mai am Maschseeufer vernommenen. In der Pause nach einem solchen Gesangsabschnitt hörte Heinrich von Ferne einen ähnlichen Gesang, den der ihm vertraute Amselhahn anscheinend abwartete, um gleich seinen mit kleinen Veränderungen wieder zu beginnen. Aber er war sich nicht sicher, ob das immer so ablief, oder ob er diese Zwiesprache hören wollte, weil ihm der Gedanke daran gefiel.

Während einer besonders warmen Sommernacht verließ er wieder einmal heimlich den Hof und ging zum Waldrand, hoffend auf eine Nachtigall. Seine Armbanduhr zeigte kurz nach Mitternacht, als er ein erstes langgezogenes Zirpen hörte, kleine melodische Ansätze und klagende Töne, Schweigen, dann überraschendes Jauchzen. Er setzte sich, lehnte sich an einen Buchenstamm. Dass Schönes so wehtun konnte, dass es ihn beglückte und zugleich tief traurig machte, verstand er nicht, war ihm unerklärlich. Urplötzlich wurde ihm beim Konzert der Nachtigall elend zumute. Er begriff, er war allein, allein! Er empfand ein leises, tiefes Mitleid mit sich selbst, begann über sich zu weinen. Der Mond schien und schob sich langsam hinter den Saum der Bäume. Heinrichs Kopf sank auf die Brust, an den Baum gelehnt schlief er ein. Doch noch bevor die erste Lerche aufstieg, wachte er auf, sein Nacken schmerzte. Er ging wieder zum Hof zurück, schlaftrunken, halb träumend.

Es gab ein Schützenfest, Turnfest, Feuerwehrfest, Fest des Kriegervereins, da war was los, da wurde auch getanzt, da konnte man jemanden kennenlernen, was aber Heinrich nie gelang. Beim Osterfeuer, bei den seit 1933 groß herausgestellten Sonnenwendfeiern im Juni und Dezember bereitete er freiwillig den Holzstoß vor, legte später Astwerk und morsche Bretter nach, ansonsten stand er mit den Übrigen um das Feuer herum, man plauderte ein bisschen und starrte trinkend in die Flammen. Bei solchen Festen trug er einen breitkrempigen Schlapphut, ähnlich dem der wandernden Zimmerleute, aber nicht deren Schlaghose, Weste und andere Eigentümlichkeiten dieser Handwerkerkleidung. Es wäre ihm auch schlecht bekommen, wenn er dieser Zunft als gleich Gekleideter, aber gänzlich anders Arbeitender in die Hände gefallen wäre. Manchmal lachte

Heinrich bei den Feiern laut auf, ganz unvermittelt brach es aus ihm heraus, ohne dass die Umherstehenden wussten, warum. Angetrunken sagte er einmal: »Mir erscheinen Bilder im Kopf von etwas Lustigem, was ich mal erlebt habe. Oder ich stelle mir etwas vor und muss darüber lachen.« Als Reaktion darauf erntete er Schulterzucken und Kopfschütteln.

Gern sprach der Bauer bei solchen Zusammenkünften mit seinem Gesinde von der gerade fertiggestellten neuen Trasse der Autobahn mit breiter Fahrbahn, der »rasanten Autostrecke« nach Berlin, die an Helmstedt vorbei gebaut worden war. »Jetzt mal rasant!« war zu einem seiner Lieblingsausdrücke geworden, wenn er tagsüber mal sein Gesinde zur Arbeit antrieb. Waren nachts fast alle zu Bett gegangen, die um das Feuer gestanden hatten, löschte Heinrich mit einem anderen Knecht die Glut, blieb noch eine Stunde allein als Feuerwache draußen, nickte darüber einige Male ein und wankte lange nach Mitternacht ganz erledigt zu seiner Kammer, aus der er um sechs wieder rausmusste.

Dammstraße

Die Dammstraße bot ihm diesmal nicht mehr als einen flüchtigen Zwischenaufenthalt. Geradezu unwirklich erschienen ihm diese paar Tage, die er jetzt im trüben November vor sich hatte, denn er musste noch vor Monatsfrist wieder fort, als Melker zu einem Hof bei Göttingen. Es war ein Pendeln hin und her, Hannover, Bauernhof, Hannover, Bauernhof und so fort, aber ohne Fortschritt, ohne neue Möglichkeiten.

Er schlief lange, oft bis über die graue Morgendämmerung hinaus, las, was ihm als Zeitungen in die Hände kam und ging bei jedem Wetter, auch im strömenden Regen, den Schlapphut auf dem Kopf, lange Wege bis zu den Rändern der Stadt.

An einem Sonntag war es mal trocken, zugleich windig und bedeckt. Er wollte eigentlich zu den Herrenhäuser Gärten gehen, wieder weg vom Backstein und Fachwerk. Warum bloß blieb er nun am Rand des Ballhofplatzes stehen? Weil es so viele Gleichaltrige waren, die da, wohl über hundert, sich zur Schau stellten? Er wusste es nicht, blieb da, und versuchte, die Einzelheiten aufzunehmen, um vielleicht das Spektakel der sich eckig, laut und gleichförmig präsentierenden Jugendbewegung zu verstehen.

Junge Männer etwa seines Alters, standen oder marschierten, vorweg war immer einer mit runder Schirmmütze, hinter ihm die Kolonne, drei nebeneinander, einer vorn rechts an der Seite, augenscheinlich ein Unterführer. Erst wie mit dem Lineal gezeichnet stehen, dann mit instrumentalem Krach wie ein Güterzug zu Fuß heran und am Publikum vorbeiwalzen.

Unablässig erschollen und rumsten Märsche, und Heinrich hörte: »Das ist Preußens Gloria« oder: »Das ist des Führers Liebling, der Badenweiler Marsch« – mit Pauken, Trommeln, Trompeten und anderen Tröten, dachte er. Das Gestampfe der halbnackten Beine dabei blieb für ihn ein und dasselbe, beim Horst-Wessel-Lied kam noch unablässiges Grölen dazu.

In Dreierreihen marschierten sie auf dem für ihre Zwecke gestalteten Platz, nun an anderen Uniformierten vorbei, die sich in einer Linie ausgerichtet hatten. Arm gerade, Arm angewinkelt, Arm gerade, Arm angewinkelt, flache, seitlich wischende Hände, kurze Hosen, Kniestrümpfe, diagonal über der Brust den sogenannten Sturmriemen. Hieß der Sturmriemen, weil er den Schlips um den Hals vor dem Hin- und Herpendeln im Wind bewahrte? Damit es keine flatterhaften Bewegung am Mann gab? Die Musiker trugen Kniestrümpfe, die Marschierenden heruntergekrempelte Socken, auch dafür wusste Heinrich den Grund nicht. Gemeinsam aber war allen der Binder oder Schlips um den Kragen, der streng geschlossen war, nicht offen wie bei den Roten oder Lebensreformern, die er kannte.

Ihm war plötzlich, als ob sich die Kleidung der Angetretenen und Marschierenden selbst auf die kommende Soldatenuniform freute. Er musste über seinen Einfall lachen und erntete von einer neben ihm stehenden älteren Frau einen bösen Blick samt Kopfschütteln.

Hier war die Hitlerjugend eben auch in den Köpfen präsent. Für ihn war sie nichts. Die Gesellschaft seiner sprachlosen, nackten Kühe war ihm einfach lieber, auch weil niemand Wert darauf legte, sie im Gleichschritt zu erleben oder alle auf Kommando muhen zu hören. Was ihn vor einer Vereinnahmung durch diese Organisation bewahrte, waren seine wechselnden Arbeitsstätten. Obwohl er zeitweilig in der Dammstraße wohnte, gehörte er nicht zur großstädtischen Jugend und fühlte sich ihr auch nicht zugehörig.

Da vor ihm, das war die idealistische Jugend, der die Zukunft gehörte, hatte er gelesen, gehört. »Ähnliche Holzpuppen, ein Idealismus als schmählichste Verachtung des Menschlichen«, hatte seine Mutter mal dazu gesagt, »Menschen wie Maschinen.« Wieso war das ideal? Von Idealen hatte er oft gelesen, er hatte keine, glaubte er, konnte nicht einmal sagen, was damit im Einzelfall genau gemeint war, nur dass sie irgendwie über einem standen, ohne greifbar zu sein. Aber wieso war das Treiben auf dem Ballhofplatz ein Vorbild für Kommendes? Er hatte zugesehen und immer noch nicht verstanden, was daran nützlich sein sollte, denn die Bilder ballten sich wie zu einem Kloß in seinem Hirn.

Auf dem neuen Ballhofplatz wurde andauernd angetreten, aufmarschiert, kommandiert, dafür war er geschaffen worden, das war klar. Nachdem Heinrich sich das einmal angesehen und angehört hatte, machte er künftig einen weiten Bogen um den angeblich so vorzüglich verbesserten Kern der Altstadt Hannovers. Aber vom erlebten Aufmarsch würde Heinrich noch Nächte später böse Fetzen träumen, das wusste er schon, so kannte er sich. Er würde hinunter zum Klo auf halber Treppe gehen, sich erleichtern, fröstelnd hochsteigen, sich wieder hinlegen und dann würde sich anderes zu Träumen verheddern.

Göttingen

Es quiekte fürchterlich, unmenschlich, schien zu ahnen, dass es sterben würde. Ob er einst so schreien würde?, fragte sich Heinrich. Nein, so hohe Töne bekäme er nie hin. Außerdem nützte es nichts und war mordsanstrengend. Er musste das sich wehrende zuckende Tier zusammen mit anderen halten, bevor es gleich getötet wurde. Dieses Schwein war einfach nicht zu beruhigen.

Dabei war das Herausführen aus dem Stall behutsam geschehen, der Großknecht hatte in beruhigendem Tonfall auf das Tier eingeredet, damit es sich nicht aufregte. Vorher hatte der Fleischbeschauer das Tier betrachtet, ob es gesund wirkte, hatte keine Einwände gehabt. Gleich nach dem Schlachten würde er für die Trichinenschau eine Fleischprobe entnehmen, die er dann mit seinem Mikroskop untersuchen würde.

Die Schlachtbank sollte das Blutauffangen erleichtern, es war aber eine quälende Prozedur für das lebende Schwein, daraufgelegt und gefesselt zu werden. Hinten und vorne wurde nur ein Bein gefesselt, der übrige Körper wurde festgehalten, damit das an der Kehle abgestochene Schwein danach nicht zu sehr zappelte, und das Blut neben die große Wanne floss, denn das war für die Würste und das künftige Schwarzsauer zum Mittagessen unverzichtbar. Nun setzte der völlig gelassene Schlachter den Bolzenschussapparat auf die Schweinestirn und es knallte. Nachdem das stählerne Projektil den Kopfknochen durchschlagen, das Tier noch einmal gezuckt hatte, bekam jeder bei der Tötung Beteiligte erst einmal einen klaren Schnaps eingeschenkt.

Heinrich, den die Tötung etwas mitgenommen hatte, wurde aufgetragen, gleich in einem Kessel der Waschküche das aufgefangene Blut mit einem großen Holzlöffel umzurühren. Weil der Schlachter bemerkte, dass Heinrich besonders blass geworden war, sagte er mit betont heiterer Stimme: »Du sollst nicht gerührt werden, sondern das Blut. Das wird dir alles nachher schmecken. Also rühre, rühre, rühre, da darf nichts klumpen oder gerinnen.« Einer von den zwei runden Kesselöfen neben ihm mit mehreren Hektolitern Fassungsvermögen wurde für heißes Abwaschwasser gebraucht, der andere, sonst für das samstägliche Badewasser und das spätsommerliche Pflaumenmus in Gebrauch, nun zum Kochen von Blutwurst.

Während er schweißtreibend rührte, sah er durch die offene Waschküchentür zwischendurch auch mal nach draußen. Dort wurde gerade das Schwein auf eine mit Stroh gepolsterte Leiter gelegt und von drei Knechten auf die Diele zum Aufhängen gezogen, dann spreizte man mit einem Holz die Hinterbeine. Mit Stricken wurde das Schwein zu den Haken in den dicken Deckenbalken hochgezogen, dort befestigt und ausgenommen.

Das abendliche Essen nach dem Schlachten war wie üblich an solch einem Tag mehr als reichlich, alle stopften sich voll, tranken nach Kräften und waren nachts so erschöpft, besonders vom ungewohnten Prassen, dass sie nicht einmal mehr sangen, was Heinrich erleichtert zur Kenntnis nahm.

Gemüseeintöpfe mit einem Stück Speck und Fleisch waren ansonsten die Regel, Schwarzsauer aus Fleisch- und Speckstücken, Backobst und Brühe, mit Blut breiig zubereitet und mit etwas Essig abgeschmeckt, ergab an mehreren Tagen nach dem Schlachten ein preiswertes und nahrhaftes Mittagessen. Üblich blieben die allabendlichen mit Räucherspeck verfeinerten Bratkartoffeln, manchmal mit sauren Gurken oder eingelegten roten Rüben. Deswegen wurden zum Mittagessen immer so viele Kartoffeln gekocht, dass sie auch noch für abends reichten.

Heinrich genoss die volle Kost, aber da er auf dem Hof wohnte, zudem sein Arbeitszeug samt Wäsche vom Bauern erhielt, fiel sein Bargeldlohn gering aus, denn so war es vertraglich festgelegt. Egal wie er wohnte, wie schwer die Arbeit war und was es zu essen gab, am Monatsende hatte er nicht einmal zehn Mark übrig. Erst wenn er einundzwanzig war, würde er den Vollarbeiterlohn erhalten, das war ihm zugesagt worden.

Nur drei Wochen nach dem Schlachten wurde das Wetter eisig. In seiner wie in jeder anderen Gesindekammer stand ein eisernes Dreibein mit einem waagerechten Eisenring oben, in dem eine Emailleschüssel stak, daneben eine drei Liter fassende Kruke aus Steingut mit Wasser, das er von einem Messinghahn im Kuhstall zapfte. Morgens hatte sich schon mal auf dem Wasserspiegel der Waschschüssel eine hauchfeine Eisdecke mit zarten Reliefrippen gebildet, die Heinrich fasziniert betrachtete, obwohl er vor Kälte schlotterte. Sogar der Betonestrich, der zwischen den Stellplätzen des Viehs hindurchführte, glitzerte an einigen Stellen. Sobald er im schwachen Licht der Stallbeleuchtung seinen Einbeinschemel neben der ersten Kuh platziert hatte, wurde es ihm aber beinahe wohlig. Wenn am ersten prallen Euter die Zitzen wie immer weich und warm in seinen mit Melkfett eingeschmierten Händen lagen, vergaß er fast die Kälte und alle Dunkelheit draußen. Die blut- und milchgefüllten Zitzen hielten seine Hände geschmeidig, die Leiber der Kühe umgab eine warme Aura, die

Anstrengungen des Melkens erhöhten in angenehmer Weise auch seine Körpertemperatur. Lumpenstücke eines ausgedienten Kartoffelsacks band er sich um die Sohlen seiner Gummistiefel, so rutschte er auf Glattem nicht aus, und seine Füße litten nicht so sehr unter der Bodenkälte. Von Kuh zu Kuh schlurfend verrichtete Heinrich gewandt und konzentriert wie immer seine Arbeit.

Nachdem er alle Kühe gemolken hatte, konnte er sich eine kleine Pause gönnen und setzte sich, durchgewärmt wie er nun war, nachdenklich auf einen Strohballen. Er war jetzt bestenfalls ein reisender Fachmann mit einem recht guten Ruf bei den ihm bekannten Landleuten geworden, mehr nicht. Aber er kam weit mehr herum als diejenigen Knechte oder Mägde, die oft schon als Jugendliche halbe Leibeigene eines Bauern, seines Großknechts oder Verwalters geworden waren. Er hatte daher zwar keinen dauerhaften kollegialen Rückhalt bei seiner Arbeit, sammelte aber eine Menge verschiedener Erfahrungen und konnte landwirtschaftliche Betriebe schon ganz gut einschätzen.

Er wie das übrige Gesinde wurde dem Hof zugeordnet, wurde gewissermaßen Teil des Hofes und musste daher einen Teil seiner Besonderheit aufgeben. Heinrich nahm es hin, dass er in der Rangordnung noch ziemlich weit unten stand, nur über den ganz jungen Knechten und den Aushilfskräften, die auf eigenes Risiko umherwanderten und nur wenige Wochen blieben. Dass man ihn Heini nannte, kannte er schon, neu war Hein, das vom selten bei der Arbeit auftauchenden Bauer kam.

In seinem Gesinderaum hatte der Bauer die Reproduktion eines Gemäldes hängen, das einen ackernden Pflüger hinter einem schweren Gaul mit wehender Mähne zeigte, der mit dem Pflug tiefe Furchen in den braunen Ackerboden zog. In seiner Guten Stube hingegen prangte ein gerahmtes Foto, auf dem Hitler mit Lederhose und Kniestrümpfen posierte. »Der guckt so wie Hermann Löns«, sagte Heinrich, der mal wieder durch eine offene Tür lugte, zum Bauern. Verdutzt betrachtete der Hofherr seinen Führer an der Wand. »Da ist was dran«, entgegnete er lachend, »woher weißt du das, Hein?«

»Von Abbildungen in der Zeitung, auf Büchern und Plakaten.«

Schimpfte der Bauer einmal auf ihn oder der gewöhnlich umgängliche Großknecht auf alles, verharrte Heinrich, hörte es sich an und blieb ruhig. Ihm war bewusst, die Aufgebrachten brauchten ihn letztendlich und konnten nicht warten, bis die Kühe vor Schmerzen brüllten, weil sie von ihren prallen Eutern gepeinigt wurden. Arbeit gab es für einen guten Melker mehr als genug. Und gut war er, denn die Kühe fasste und bewegte er so geschickt, dass sie viel Milch gaben, einfach weil sie bei ihm meistens entspannt blieben, denn er tat ihnen nicht weh – nur das Kuhblasen ließ er sein. Er schaffte es, so zügig zu melken, dass er auch vom hiesigen Hofeigentümer gern beschäftigt wurde, zumal er zurückhaltend und kein Trinker war. Heinrich der Musterknabe war sein Spitzname, und so wusste er sich in einer ihm unbehaglichen Konkurrenz zu anderen Melkern oder Schweizern, die schon mal bei der Arbeit angetrunken waren oder aufmuckten. Wenn er von sich aus den Mund auftat, sprach er derart kurz und unverblümt aus, was er dachte und wollte, dass es brüsk und manchmal unanständig erschien.

Einmal, beim Stallausmisten, nahm ihn der Großknecht beiseite und sagte: »Pass auf, Heini, ich will dir mal so ganz unter uns etwas sagen. Du bist tüchtig und kein Querarsch, prima. Aber du stellst dich stumm, hast kein bisschen Taktgefühl, bist völlig undiplomatisch. Ich weiß nicht, ob das auf die Dauer unter deinesgleichen gut geht. Wenn du fast nie was sagst, denken die, dass du dich für etwas Besseres hältst.« Heinrich sah ihn ruhig an und entgegnete seinem Vorgesetzten: »Abstraktes Zeug mag ich nicht. Alles muss Hand und Fuß haben.«

Beim sogenannten Anschluss Österreichs ans Deutsche Reich, kurz nach Heinrichs neunzehntem Geburtstag, brach beim Bauern und seiner Familie Jubel aus. »Nun wird alles besser und leichter für alle!«, verkündete er. Ein großes Fass Bier ließ er kommen und bewirtete seine Mägde und Knechte überdies mit seiner guten Stracke, der schmackhaften harten Wurstsorte, die er gewöhnlich nur seinesgleichen vorsetzte, und mit frischem Weißbrot aus einer Göttinger Bäckerei. Heinrich trank mit, zunächst so schweigsam wie sonst auch. Nach zwei geleerten Krügen brach es unvermittelt aus ihm heraus, als er laut den verblüfften Großknecht anfuhr: »Ich will bleiben! Ich hier weg? Nach Haus? Nach Hannover? Verrückt werden dort? Ich kann es nirgends aushalten als auf Bauernhöfen. Lasst mich in Ruhe! Nur ein bisschen Ruhe, hier, wo mir gerade wohl zumute ist.«

Etwas seelischen Auftrieb erhielt Heinrich durch die Begegnung mit dem Vagabunden Rolf, der plötzlich im Kuhstall stand. Von dem einstigen Studenten erfuhr er gleich beim Kennenlernen viel mehr, als er fragen wollte. »Ich bin relegiert, ich darf nicht mehr in die Universität, gehe seit Monaten auf Bauernhöfe zum Arbeiten. Eine Hand fehlt da doch dauernd, wo so viele in die Stadt wollen. Ob du mich übrigens Kunde, Vagabund, Landstreicher oder Herumtreiber nennst, ist mir scheißegal. Wir fahrenden Gesellen sterben aus, auch werden wir in manchen Gegenden gejagt wie die Wildschweine. Du wirkst wie ein anständiger Kerl, kannst du mir vielleicht etwas zum Essen besorgen, damit ich bei Kräften bin, bevor ich mich nachher beim Bauern vorstelle?«

Heinrich organisierte ihm eine große Blechtasse mit frisch gemolkener Milch, zwei Äpfel und einen Kanten Brot. Weil er so ein großer Kerl sei, einen Kopf größer als er selbst, bräuchte er sicher mehr Essen als er, vermutete Heinrich. Aber es blieb doch bei Milch und Brot. Ich weiß zwar mittlerweile, wo der Bauer die Wurst hängen hat, dachte er, aber bisher habe ich es nie heimlich in die Räucherkammer geschafft.

»Wie ist das so, wenn man studiert?«, fragte er zögernd, während Rolf gründlich am Kanten kaute. »Ach, weißt du, toll ist das nicht. Die meisten studieren aus Langeweile, andere verlieben sich aus Langeweile, die dritten sind parteitreu, die vierten unzüchtig und ich gar nichts, gar nichts. Ich mag mich nicht einmal umbringen. Es ist zu langweilig. Es ist der Mühe nicht wert. Du steckst mitten im Leben. Lies das mal, was ich dir gleich gebe, da kannst du über die wahnsinnige Welt lachen. Aber zurück zu mir. Es gibt wieder mehr Bettler auf den Landstraßen, wir sind wieder mehr geworden, auch wenn das Gegenteil in der Propaganda behauptet wird. Weißt du, die übliche Walz ausgelernter Handwerker mache ich mir zunutze, mich als Wandergeselle auszugeben, als Bettler wäre ich ein Krimineller. Landwirtschaftliche Hilfskräfte sind Mangelware, wie es gern im Zeitungsdeutsch heißt. Trotzdem müssen Leute wie ich schon mal für zwei Reichsmark die Woche Kühe hüten, andere für monatlich fünfzehn Mark von frühmorgens bis spätabends schwer schuften, viele bei karger Unterkunft und schlechtem Essen. Da ist es gut, wenn man einigermaßen singen kann. Das hübsche Lied ›Ich bin nur ein armer Wandergesell, gute Nacht, liebes Mädel. gute Nacht ...‹

erreicht manchmal willige Ohren. Ich weiß, wie es läuft, wenn man eine zarte Seele findet.«

Rolf kramte in seinem geräumigen Rucksack: »Hier das Versprochene für dich.« Er zog ein etwas ramponiertes Buch heraus und gab es ihm. »Es ist ein Tauschgeschäft zu deinen Gunsten, wie du bald merken wirst.«

»Bestimmt. Ich lese gern.«

Auf dem Deckel des Buchs stand »Die Abenteuer des braven Soldaten Schwejk«, und ein dicklicher Uniformierter grinste ihn an. Militärgeschichten mochte Heinrich eigentlich nicht, aber da dieser gezeichnete Soldat nicht nach Herumbrüllen und Schikanieren aussah, nahm er das Buch an.

»Den Roman kannst du behalten, richtig lachen kann ich sowieso nicht mehr. Vielleicht klappt es ja bei dir noch.«

Heinrich verhielt sich leise und unauffällig, wenn er neugierig wurde, bewegte sich dann besonders geschmeidig und vorsichtig. »Ich bin ein Indianer«, sagte er sich öfter, schlich manchmal zum hinteren offenen Fenster am Garten der bäuerlichen Behausung und belauschte, was sich in der Stube so tat. Am Abend nach der Ankunft Rolfs war der Nachbar in den Hof gekommen, um mit dem Bauern zu reden. Das wollte sich Heinrich anhören und nahm seinen Platz im dichten Efeugestrüpp unter dem Fenster ein. Es ging gerade um den Vagabunden, dem der Bauer eine zeitweise Anstellung und Lohn zugesagt hatte.

»So einem Streuner gibst du einfach Arbeit, ohne den zu kennen, ohne Behördenerlaubnis. Das kann dir eine Menge Ärger einbringen.«

»Das lass mal meine Sorge sein. Ich habe dir immer gesagt: Wer arbeiten will, und es auch ordentlich tut, gegen den habe ich nichts.«

»Und wenn bei dir einer krank wird, nicht arbeiten kann, was dann? Schmeißt du ihn raus?«

»Dann helfen die anderen aus, das geht dann schon.«

»Na, das passt aber nicht zusammen.«

»Was auf meinem Hof passt, entscheide immer noch ich.«

»Lass das man bloß nicht den Ortsbauernführer hören!«

Ob das Hitler-Bild bloß Tarnung ist? Ob der Bauer nur so parteitreu tut?, fragte sich der Lauscher. Eine Antwort darauf erhielt Heinrich nie.

Der ehemalige Student blieb dann doch nur wenige Tage auf dem Hof, weil er weiterwollte, aber das Buch von ihm las Heinrich mit wachsender Begeisterung. Er nahm es in einem Beutel mit, wenn er zur Weide ging, las es heimlich im Stall und auf dem Heuboden, wobei ihn leise Lachanfälle überfielen und erfreuten. Nur wenige Bauern kamen darin vor, kaum Kühe, mehr Hunde und anderes Getier. Seltsam genug waren die zivilen Personen im Roman, über die er wenig lachen musste, richtig gut kam keiner darin weg. Aber die Uniformierten erschienen ihm fast allesamt als mehr oder weniger gefährliche, zugleich lächerliche Irre, was Heinrich ganz und gar nicht überraschte.

Dammstraße

Im Frühjahr 1938 war seine Zeit in Göttingen vorüber, er musste bald zum paramilitärisch organisierten Reichsarbeitsdienst, kurz RAD, nach Braunschweig. Sechs Monate sollte das dauern, und wie er gehört hatte, würde er die in einem Barackenlager außerhalb der Stadt verbringen. Vorm Antritt seines Dienstes beim RAD wohnte er für wenige Tage in der elterlichen Wohnung in der Dammstraße. Obwohl er wie all die Jahre davor seine Kammer wieder für sich allein hatte, kam er sich in ihr bloß wie ein Besucher vor, weil ihn das unabwendbar Kommende bedrückte. Zudem fiel es ihm zunehmend schwer, mit seiner Mutter wieder so unkompliziert und herzlich zu sprechen, wie er es bis zu seiner ersten Abwesenheit in Fallingbostel gewohnt gewesen war. Der Gärtner Heinrich war ihm gegenüber nicht unfreundlich, aber auch nicht aufgeschlossen und redete fast nur noch über das Wetter, den Großen Garten, manchmal über die Fleischpreise. Heinrich schien es, als ob der Gärtner ihm nicht ganz traute, denn alles nur ein wenig Heikle oder gar deutlich Politische mied er.

Mitunter wurde es Heinrich daher seltsam zumute in der elterlichen Wohnung, einsamer als manchmal auf den Bauernhöfen. Er probierte, mit sich laut zu sprechen, aber er konnte es nicht. Wenn er es versucht hatte, wagte er danach kaum zu atmen. Unabwendbar stand ihm der Reichsarbeitsdienst bevor, zum ersten Mal würde er etwas Uniformartiges tragen, sich verkleiden müssen. In manchen Augenblicken sah er sich schon selbst wie eine mechanische Aufziehpuppe ratternd in einem Pulk hartgesichtiger Kurzhosenträger marschieren.

Nachts ging er nicht mehr vor die Tür, holte sich vor Einbruch der Dämmerung in der nächsten Kneipe einen große Krug Bier, zog sich in seine Kammer zurück und las, während seine Mutter mit dem Gärtner in der Stube zusammensaß, mit dem sie sich nun anscheinend besser verstand als mit ihrem schweigsamen Sohn. Sie bedauerte dieses Getrenntsein, merkte er, aber sie ließ ihrem Sohn nach ein paar tröstlich gemeinten Worten seine abendlichen Rückzüge, ohne ihn mit Fragen zu bedrängen.

In der Nacht vor seiner Zugfahrt nach Braunschweig träumte ihm, dass sich nachts die Giebel der Altstadt wie Riesenechsen mit glimmenden Augen zu ihm herunterneigten, ihn fixierten und er wie angeklebt ihnen nicht entfliehen konnte.

Reichsarbeitsdienst Braunschweig

»Ihr seid keine Zivilisten mehr, ihr seid Soldaten mit Spaten!«, wurde ihnen gleich am Anfang lautstark eingehämmert, als er mit anderen jungen Männern des Reichsarbeitsdiensts am Waldrand vor den Holzhäusern in Linie antreten musste. Gruppenweise Griffe kloppen mit dem Spaten war das eine, damit man im wahrsten Sinne des Wortes begriff, was ein Spaten war, nämlich Griff, Stiel, Blatt. Das andere war, Löcher, Gräben und Gruben jeglicher Art zu graben, im mal trockenen, mal klebrigen Boden an Waldrändern, Heidestücken und Brachflächen weit ab von der Stadt. Bei der Arbeit des RAD ging es um Abzugsgräben, kleine Deiche an Bächen und Unterstände, die mit Astwerk und einer dicken Schicht aus Erde und Grassoden überdeckt wurden. »Wenn ihr als Soldaten mal an der Front euren Mann stehen müsst, werdet ihr euch daran erinnern, wie gut ihr es hier hattet, als ihr in Sicherheit eure Pflicht erfüllen durftet«, ermahnte sie der Leiter des kleinen kasernenartigen Lagers. Es wurde kein Hehl daraus gemacht, die innere und äußere Militarisierung neben der zu erbringenden Arbeitsleistung anzustreben.

Das Antreten in Linie zu zwei Gliedern wurde immer wieder geübt, dann »Links um! Marschieren – Marsch!« In einer Linie ohne Abweichung aufzugehen, musste durch den Drill unbedingt in Fleisch und Blut übergehen. Wer es nicht packte, musste sich hinlegen, bis zur Erschöpfung Liegestütze machen oder Sonderdienste leisten. Beim Marschieren und Singen zur Arbeitsstelle und zurück war

Lautstärke und Deutlichkeit gewünscht, einschüchternd und zackig sollte es sein, in Mark und Bein übergehen, damit es den Feinden des deutschen Volkes so richtig weh tat, ganz egal, wie müde man beim Singen war.

Heinrich spürte tatsächlich, wie er sich Stück für Stück und Schritt für Schritt daran gewöhnte, wie er begann, sich innerlich zu verhärten. Für ihn lief es auf ein Ende, sein Ende in Uniform hinaus, wenn es für ihn kein Ende des uniformierten Dienstes geben würde, da war er sich sicher.

Erklang »Deutschland, Deutschland über alles« am Sonntag vom Grammofon, wobei alle mitsingen mussten, sollte ein Ruck durch die Arbeitsdienstler fahren, sollten sie seelisch erfassen, wem ihre Arbeit und Mannhaftigkeit zu dienen habe, nämlich dem ganzen Volkskörper. Es möglichst laut und textgenau zu schmettern, wurde verlangt. Wenn es voller Inbrunst war, schien es sogar die Vorgesetzten zu rühren. Heinrich machte sich ein wenig Vergnügen damit, Verse der Marschlieder zu verballhornen und so vor sich hin zu sagen, dass sie ihm wie ein misslungen gereimtes Gedicht vorkamen:

Oh du schöner Westerwald
Schier dreißig Jahre bist du alt
Es zittern die morschen Knochen
In einem Kohlenlädchen
Sie hieß Marie, und treu war sie
Alten Kameraden
Heute höre ich Deutschland
und morgen hab ich kein Geld.

Mit Politik und den wütenden Reden und Beschuldigungen, die sich gegen Juden, Engländer, Franzosen oder Russen richteten, konnte er nach wie vor nichts anfangen. Er mischte sich nicht ein, und nach seiner Meinung gefragt, sagte Heinrich, dass er von so etwas keine Ahnung habe. Solch allgemeine Leute kannte er nicht, als Feinde waren sie ihm persönlich so unvertraut wie das Personal in den Romanen von Karl May.

Ansonsten erledigte er wortkarg alles, was man an Arbeiten von ihm verlangte. An den unvermeidlichen gemütlichen Abenden nahm er zurückhaltend teil, trank wenig, rauchte viel und sang meist gar nicht mit, und wenn, leise und undeutlich, nie laut oder markig. Was nicht sonderlich auffiel, da er bei der Arbeit auch bloß leise vor sich hin trällerte, auch das weder ausdrucksstark noch sonderlich betont.

Frühes Aufstehen und körperliche Anstrengungen war er gewohnt, das machte ihm nichts aus. Drill, Stillstehen und von Vorgesetzten angebrüllt zu werden, ohne sich irgendwie wehren zu können, das bedrückte ihn. Aber er machte mit, wo es gefordert wurde, tat sich nicht hervor, war mit den Gedanken oft woanders, fühlte sich allein, aber selten einsam. Er hielt es aus, mehr nicht.

Ihm fehlten die Ruhe und der Gleichmut der Kühe, der arglose Blick ihrer großen bewimperten Augen, ihr, wie es ihm schien, absichtsloses Muhen, selbst das pladdernd stinkende Entladen unter dem Kuhschwanz im umgrenzten Raum des Stalls. Die Frische himmeloffener Grünflächen mit duftendem Gras und Gezwitscher von allen Seiten genoss er nur noch manchmal durchatmend, wenn es eine Arbeitspause an einem Wiesenrand gab.

Dafür war manches hier bequemer als vorher in Göttingen. Schon in Lamspringe hatte es wie vorher in Fallingbostel ein trogartiges Zementwaschbecken gegeben, das mit Wasserhähnen darüber versehen war, und etwas Ähnliches gab es nun im Waschraum mit Toiletten hier beim RAD nahe der Stadt Brauschweig. Er musste nicht mehr hinaus zum großen oder kleinen Geschäft, weil sich neben dem Waschtrog zwei durch eine dünne Bretterwand abgeteilte Klosettsitze befanden, in denen gewöhnlich alte Zeitungen und zur Not Strohwische an dicken Nägeln aufgehängt wurden. Schlechter als beim Bauern in Göttingen war dagegen das Essen. Das, was manchmal als Gulasch in der kleinen Kantine verabreicht wurde, passte ihm nicht, stank ihm. Gut, dass er von einigen Kameraden die Pellkartoffeln und zerkochten Bohnen oder Erbsen bekam, wenn er für das Gemüse seinen Schlag Fleischliches abgab.

Kurz vor Ende seiner Dienstzeit trat die Erziehung im RAD langsam in den Hintergrund. Nun sollte zunehmend das Bauen von Luftschutzunterständen verschiedener Größe und Art eingeübt und ausgeführt werden, Schulungen und Drill nahmen ab. »Wir vom RAD werden künftig auch Flugplätze und Stellungen für unsere Wehrmacht bauen«, hieß es. Dort im Heer würde er in naher Zukunft noch mehr eingezwängt und reglementiert werden, dachte Heinrich. Von seinen kurzen Aufenthalten in Hannover wusste er, dass es 1935 große Zustimmung bis hin zur Begeisterung für die Einführung der allgemeinen Wehrpflicht gegeben hatte, sogar bis in die einstigen Reihen der SPD, ja der KPD hinein. Bei dieser Nachricht hatte er nichts empfunden, seine Mutter aber bekam einen Schrecken und der Gärtner hatte beschwichtigend gesagt: »So schlimm wird es nicht sein und schaden kann es dem Jungen auch nicht, wenn er dort zum Mann gemacht wird.«

Als nun Heinrichs Zeit beim Reichsarbeitsdienst ablief, war unter seinen Kameraden des RAD von Begeisterung nicht mehr viel zu spüren. Sie wussten alle, wenn sie den

RAD hinter sich hatten, würden sie ohne längere Ruhepause danach eine andere Uniform anziehen müssen und statt des Spatens an Gewehren und anderen Waffen gedrillt werden.

Dammstraße

Gegen Ende Oktober 1938 herrschte bei seiner Ankunft am Bahnhof in Hannover große Unruhe. Überall liefen Polizisten in Uniform herum, zivile Beamte glaubte er an ihren forschenden Blicken zu erkennen. Man suche nach Juden, die sich heimlich davonmachten und nicht nach Polen gebracht werden wollten, sagte ihm ein Bekannter, den er unterwegs auf der Adolf-Hitler-Straße traf. Denn die polnischen Staatsangehörigen würden ab jetzt allesamt abgeschoben, und besonders penibel sei man bei den dazu gehörigen Juden. Heinrichs Laune wurde durch diese Menschenjagd schlechter, obwohl er nach dem RAD gerade eine Ruhepause hatte, bevor er sich in vier Wochen als Soldat in der hannoverschen Artilleriekaserne melden musste, wo es bestimmt noch roher zuging als beim Reichsarbeitsdienst. Von einer Uniform in die nächste würde er gesteckt, wenn er sich nicht vorher aus dem Staub machte. Bloß wie und wo sollte er hin?

In den paar Tagen, die ihm bis zur Kasernierung verblieben, zog er für unterwegs immer seine dicke Cordhose und die Wolljoppe an, setzte seinen Schlapphut auf, trug hohe Lederschuhe und mied auch bei Regen Gummistiefel. Kein Arbeitszeug, nichts Uniformes, sagte er sich.

Der Ballhofplatz soll weiter ausgestaltet worden sein, hörte er von seiner Mutter. Er mied ihn. Auch der Hermann-Löns-Park in Kleefeld sei fast fertiggestellt, der Teich dort sei fast zu einem kleinen See ausgeweitet worden. Auch wenn er dann schon wieder indirekt auf Löns stoßen würde, machte der jetzige Zustand des Parks Heinrich neugierig.

Aber erst einmal ging er an einem trüben, aber milden Sonntag zum Maschsee, dessen Wasserspiegel bleifarben glänzte. Er passierte den steinernen Fackelträger am Nordufer, der aus seiner Sicht unbalanciert dastand und einen ungewohnt nachlässigen Hitlergruß zeigte. Als er am Südufer angelangt war, erinnerte er sich an die Frühsommertage vor einem Jahr. Er hörte in seinem Kopf die seltsam in die Glieder fahrenden Klänge vom Grammofon, sah die unordentlichen jungen Leute, die wärmende Sonne vor sich und musste plötzlich schluchzen. Ja, das war dieser Swing gewesen, weit weg von schmetterndem Gesang und Marschtakt auf den Straßen und beim RAD.

Als ihr Ehemann an einem Sonntagmorgen gerade nicht da war, weil er ab elf Uhr im Gesangverein Volkslieder übte, fragte er seine Mutter erneut nach seinem Vater, diesmal aber besonders nachdrücklich. Seine Mutter, die nicht wollte, dass ihr Sohn noch bedrückter wurde, schüttelte ihren Kopf und schluchzte leise. »Ich kann es dir jetzt noch nicht sagen«, war ihre Antwort. Sie fasste seinen Kopf mit beiden Händen, zog ihn zu sich herab, sah ihn mit nassen Augen an und flüsterte: »Mein lieber Heinrich, wenn du einundzwanzig, wenn du ganz erwachsen bist, auch vor dem Gesetz, werde ich dir alles erzählen über deinen Vater und mich. Eher geht das nicht.«

Seine Eltern besaßen nun einen Volksempfänger, und Heinrichs Mutter hörte viel Musik aus dem Radio, gern auch die Wettervorhersage, das Übrige schaltete sie sofort aus, wenn sie allein war. Aber sein Stiefvater war versessen auf Sportberichte und Nachrichten, wobei sich Heinrich manchmal zu ihm gesellte und ebenfalls dem lauschte, was mit Knistern, Knattern und leisem Rauschen aus dem

Lautsprecher erscholl. So war es auch am 7. November, als in den Nachrichten gemeldet wurde, dass in Paris der aus Hannover stammende siebzehnjährige Herschel Grünspan mit einer Pistole fünfmal auf den deutschen Diplomaten Ernst vom Rath geschossen habe. Es stellte sich bei weiteren Meldungen und Kommentaren heraus: Der Attentäter war Schüler in der Bürgerschule 1 in der Burgstraße gewesen, hatte also ganz in der Nähe der Dammstraße gewohnt. »Diese Schüsse werden bestimmt schwerwiegende Folgen haben«, meinte der Gärtner, »zudem wirft dieses Attentat ein schlechtes Licht auf Hannover«, sagte er betrübt. Im Geschichtsunterricht hatte Heinrich gelernt, dass der Weltkrieg durch die Schüsse auf den österreichischen Erzherzog ausgelöst worden war. Was werden diese Schüsse auslösen, fragte er sich?

Am 9. November 1938 hörte er aus dem Radio, der deutsche Gesandtschaftssekretär Ernst vom Rath sei in Paris seinen Verletzungen erlegen, die ihm Herschel Grünspan mit der Pistole beigebracht habe. Angeblich habe sich der Siebzehnjährige, ein Jude, rächen wollen für die Abschiebung seiner Eltern nach Polen. Die Zeitungen brachten das am nächsten Tag groß heraus, im Radio wurde widerholt die jüdische Weltverschwörung gegen das Deutsche Reich behauptet, die Stimmung gegen die Juden weiter angestachelt. Zunächst war es in Hannover noch nicht unruhig. Aber Heinrich sah bei seinen Spaziergängen mehr Partei- und vor allem SS-Uniformen als die Tage davor. Lag das nur daran, dass in der Stadthalle eine große NSDAP-Veranstaltung ablief und die SS sich im Konzerthaus am Leineufer traf?

In der folgenden Nacht weckten ihn Tumulte und Sirenen. »Es brennt irgendwo«, sagte sein Stiefvater zum aufgestandenen Heinrich, »bleib' lieber hier.« Doch Heinrich hielt es nicht in der Wohnung, er zog sich an, roch draußen einen ihm unbekannten Brandgestank, sah den Feuerschein, lief hinüber zur Bergstraße jenseits der Leine und stand nach einigen Minuten schwer atmend vor der fast ausgebrannten Ruine der Synagoge. Mehrere SS-Trupps sorgten dafür, dass keiner nahe an das rauchende, schwer beschädigte jüdische Gotteshaus herankam. Etwas abseits standen auch Feuerlöschfahrzeuge, deren Schläuche ausgerollt, aber nicht prall von Wasser waren, wie Heinrich bemerkte. Manche der Neugierigen, die nichts sagten, wirkten bedrückt, andere versicherten sich, dass es den mörderischen Juden recht geschähe. Es ging also gegen die Juden überhaupt, merkte Heinrich, und die meisten um ihn herum fanden das wohl richtig. Er konnte das nicht nachvollziehen, keiner von denen, die er kannte, hatte ihm jemals etwas getan. Dr. Liepmann, der nicht mehr praktizieren durfte, schon gar nicht, der, wie seine Mutter bedauernd erzählt hatte, nach Behördeneinstufung ein Halbjude war, und gerade der hatte ihm bei seinen schweren Erkältungen mehrmals geholfen.

Laut fragte Heinrich »Warum löscht keiner?«

»Wir machen allen Juden jetzt endlich ordentlich die Hölle heiß«, sagte ein grinsender Bürger mit steifem Hut.

»Ja, das ist die Hölle. Ihr seid also die Teufel«, entgegnete Heinrich.

»Hau bloß ab, du Rotzlöffel, sonst fängst du dir eine!« Aber Heinrich sah ihn bloß an, blieb stehen. Ihm passierte nichts. Andere schoben sich in der stinkenden Düsternis an ihm vorbei. Er hörte einige sagen, dass die SS jetzt richtig aufräume und bestimmt auch noch gegen die verbliebenen jüdischen Geschäfte und Wohnungen vorgehe. Tatsächlich zogen sich nach kurzer Zeit diese Uniformierten zurück und wie mit ihnen abgesprochen übernahm die Schutzpolizei die Absperrung. Als das Morgengrauen einsetzte, rückte die Technische Nothilfe an, ging mit kleinen Holzkisten hinter den Trümmerrand, die Polizeikette drängte die Zuschauer weiter weg. Dann krachte es fürchterlich, und Heinrich sah, wie die mächtige Kuppel der Synagoge Staub nach allen Seiten ausstieß und, von einem Aufstöhnen der Menge begleitet, fürchterlich polternd ins Innere der Ruine stürzte. Nun erst rollten Feuerwehrleute die Löschschläuche wieder aus und ließen Wasser in noch übrige Brandnester der zerstörten Synagoge schießen. Nach einer halben Stunde zogen sie sich zurück, Männer der Technischen Nothilfe gingen wieder hinein und begannen, noch stehende Gebäudeteile zu sprengen. Erst jetzt fiel Heinrich auf, dass er seit fast sechs Stunden gebannt und verständnislos das zerstörerische Geschehen beobachtet, gehört und gerochen hatte. Reichsarbeitsdienst, SS, Polizei, Feuerwehr, Technische Nothilfe – seine Welt erschien ihm zunehmend aus ordentlich Uniformierten zu bestehen, die alles Mögliche zerstörten, was viel Mühe und Sorgfalt gekostet haben musste.

Er dachte an den Fackelträger vom Maschseeufer. Es kam ihm so vor, als ob dieser nackte Kraftprotz von seiner Vierkantsäule hinabgestiegen, in die Stadt gerannt war und seine Fackel in die Synagoge geworfen hatte. Aber das konnte nicht sein, denn die den Brand befürworteten, waren ordentlich angezogen, viele trugen sogar staatliche Uniformen.

Artilleriekaserne Hannover

Fünfzehn Tage nach dieser grauenvollen Nacht wurde Heinrich Börner eingezogen. Er blieb in der Stadt und kam als Kanonier zum Artillerie-Ersatz-Regiment 19 Hannover, in die 1. Batterie der schweren Artillerie Ersatz Abteilung 55. Eine der wenigen gesetzlich vorgesehenen Möglichkeiten, bei der Musterung als wehruntauglich eingestuft zu werden, hatte er nie für sich erwogen. Er war gesund, gut bei Kräften und kein Alkoholiker. Auch wenn sein Vater weder der Kreispolizeibehörde noch der Wehrmacht bekannt war, gab es keinen Grund für die Musterungskommission, an seiner Wehrwürdigkeit zu zweifeln. Als er die ersten Formalitäten mit der Abgabe von zwei Passbildern, Geburtsschein, Schulzeugnissen, Arbeitsbuch und dem Arbeitsdienstpass erfüllt hatte, gab es fast kein Hindernis mehr für seinen Militärdienst.

Von der Musterungskommission hatte Heinrich letzte Gewissheit über seinen guten körperlichen Zustand erhalten und über sich erfahren, dass er 1,71 Meter groß sei, 74 Kilogramm wiege, kräftig gebaut sei, braune Haare habe und gemäß dem lutherischen Bekenntnis getauft worden sei. Nach dem Wiegen, Messen und anderen Untersuchungen durch einen Hilfsarzt stand er in Unterwäsche vor dem Hauptarzt, einem mittelalten Herrn mit blütenweißem Kittel und Schmiss in der rechten Wange. »Nun lassen Sie noch mal die Hose runter«, sagte er in gemütlichem Ton. »Hämorrhoiden haben Sie keine, das wurde bereits festgestellt, aber ziehen Sie mal Ihre Vorhaut zurück, denn sie haben ja eine!« Heinrich tat das mit etwas mulmigem Gefühl, aber der Mediziner schaute bloß einen Moment darauf, nickte zufrieden und sagte zur Schreibkraft: »Keine Geschlechtskrankheit, Präputium o. B., also kein Jude«, was Heinrich nicht ganz verstand. Er war voll tauglich. Ein Offizier murmelte noch etwas von Artillerie wegen der Eins im Rechnen, die im Schulzeugnis stand. So ein Artillerist müsse ja Standorte, Entfernungen und Schussbahnen berechnen können, da sei der Börner genau an der richtigen Adresse.

Als Heinrich sich an einem regnerischen Novembertag in der Kaserne zum Dienstantritt melden musste, schien draußen wieder alles friedlich zu sein. Die in der Kaserne angespannte Stimmung mit Anbrüllen bei der Formalausbildung mit allen ihren Schikanen war ihm und den meisten anderen Rekruten vertraut. Es hieß beim Exerzieren wieder Griffe kloppen, einige mehr als mit dem Spaten beim RAD, in Linie Antreten, Wegtreten, »Marsch, Marsch!«. Während einer Art allgemeiner Grundausbildung von etwa zehn Wochen wurden sie zudem mit dem Karabiner 98k im Schießen und dem richtigen Einsatz und Werfen der Stielhandgranate vollauf beschäftigt. Zum Dienstalltag gehörten Fußmärsche – tagsüber und während der Nacht, erst mit wenig, dann mit voller Ausrüstung –, Wachausbildung, das Verhalten bei Einsatz von chemischen Kampfstoffen und Sport, der besonders auf Ausdauer und Schnelligkeit ausgerichtet war. Heinrich erfuhr, dass der Karabiner so etwas wie die Braut des Soldaten sei und deshalb stets pfleglich behandelt werden müsse. Die Patronenladung sei kein Schwarzpulver mehr, das er ganz gern bei kleinen Feuerwerken und Silvester gerochen hatte, sondern Nitropulver, das beim Schuss zwar kaum rauchte, aber mehr stank. Militärlieder, die er beinahe alle vom RAD kannte, mussten wieder im Gleichschritt gebrüllt werden. Aber er lernte auch ein neues Lied kennen mit einer schönen Melodie, aber ihm nicht ganz verständlichen Strophen aus uralter Zeit: »Und Unsere Lieben Frauen von Kaltenbronnen / bescher uns armen Landsknecht ein warmen Sonnen«.

Nach Abschluss dieser ersten Ausbildungszeit, noch bevor es an die Geschützausbildung ging, traten die Rekruten eines Abends an und sprachen die Eidesformel für Soldaten der deutschen Wehrmacht. Auf einem Blatt zum Auswendiglernen hatte Heinrich vorher den Fahneneid gelesen, bei dem er später bloß die Lippen bewegte, ohne ihn zu sprechen:

> *Ich schwöre bei GOTT diesen heiligen Eid, daß ich dem Führer des Deutschen Reiches und Volkes ADOLF HITLER, dem Obersten Befehlshaber der Wehrmacht, unbedingten Gehorsam leisten und als tapferer Soldat bereit sein will, jederzeit für diesen Eid mein Leben einzusetzen.*

Die Ausbildung an der schweren Feldhaubitze vom Kaliber 15 cm bedeutete viel Schwerarbeit und schier endlose Wiederholungen von Kommandos und Handgriffen. Anderswo sollten schon motorisierte Zugmaschinen für den Geschütztransport eingesetzt werden, hier zogen Pferde dieses stählerne Monstrum auf seinen hohen Gummirädern in eine festgelegte, genau vermessene Stellung. Dass Heinrich ausgerechnet hier diese Tiere sehen, hören und riechen konnte, war ihm ein kleiner Trost, besonders weil er damit nicht gerechnet hatte. Pferde gab es reichlich, denn das Geschütz war bei den schlechten Wetter- und Wegeverhältnissen so schwer zu bewegen, dass bis zu zehn Zugtiere vorgespannt wurden, um es in Gang zu bringen. Direkten Kontakt bekam er mit ihnen nicht, die Pferde pflegen, füttern und führen, das machten andere Soldaten.

Er war als Ladekanonier für das Hineinschieben der etwa 40 Kilogramm schweren Granate und der pulvergefüllten Kartusche zuständig, die drei andere Kanoniere herbeischleppten. Waren Geschoss und Ladung im Rohr, schloss er den Rohrverschluss. Nach dem Abschussbefehl stellte er sich seitlich neben die Haubitze und zog die Abzugsleine. Nach dem Abschuss öffnete er den Verschluss der Haubitze. Der Schuss wurde täglich simuliert, tatsächlich geschossen erst Wochen später, als die Bedienungsmannschaft völlig eingespielt war. Dann krachte es mörderisch schon beim Übungsschießen ohne scharfe Granate, gleichzeitig gab es einen gewaltigen Schlag, der den Boden erbeben ließ, danach den beißenden Gestank der verbrannten Ladung, das lange Nachdröhnen in den Ohren, wenn eine Zigarettenpause erlaubt wurde – all das drängte sich bis in Heinrichs Träume.

Nach einem Transport in eine neue Feuererstellung musste das mehrere Zentner schwere Geschützrohr von den acht Bedienungssoldaten wieder in Position gebracht werden. Das war schiere Knochenarbeit, denn auch das bedurfte unzähliger Wiederholungen der Bedienungsabfolge, bis es allen in Fleisch und Blut übergegangen war und die Mannschaft einer Haubitze auch dabei funktionierte.

Nach seinen rechnerischen Fähigkeiten fragte den Kanonier Börner hier keiner mehr, es kam nur darauf an, dass er flott die Übungsgranaten auf Kommando ins Rohr schob, das Geschütz verschloss und nach echtem oder simuliertem Abschuss die Ladungshülsen schnell aus dem Verschluss der Haubitze herauszog. Es war körperliche Arbeit wie in der Industrie, schier endloses Wiederholen der Handgriffe, um eine schnelle Schussfolge mit dieser mächtigen Vernichtungsmaschine zu erzielen. Hinzu kam aufwendiges Reinigen, mühsames In-Stellung-Bringen der schweren Haubitze und das Auswechseln von Einzelteilen des Geschützes.

Manche Kanonen kämen aus Linden, von der Hanomag, behaupteten einige Kameraden bei der Artillerie. Ob er da nicht heimatliche Gefühle bekomme, wenn er am Geschütz hantieren müsse. Darauf wie auf andere Sticheleien reagierte Heinrich nicht. Nur wenn ihn einer seiner Kameraden ernsthaft nach den Eigenschaften eines der Geschütze fragte, konnte er sie ohne zu zögern akribisch aufzählen. Hatte er den Eindruck, man wolle ihn nur aufziehen, sagte er nur: »Das weißt du doch selbst« und fuhr mit dem fort, was er gerade tat.

In der Mannschaftsstube rasselte Heinrich manchmal militärische Satzformeln herunter und konnte dabei zum Vergnügen seiner Kameraden alle Vorgesetzten in Tonfall und Sprechgewohnheiten nachahmen: »Männer, wir wollen morgen ranklotzen bei der Geschützübung, abprotzen, also kacken, könnt ihr nach Dienstschluss, also zack-zack, kantapper kantapper, bis dass euch der Arsch kocht, bis dass die Heide weint. Wenn das bei irgendeinem Lahmarsch nicht klappt, üben wir das am Sonntag in Einzelausbildung, ich habe Zeit! Dann werde ich dem die Knochen schleifen, bis dass die Funken stieben! Marsch, Marsch! Hinlegen! Auf! Deckung! Auf! Im Laufschritt Marsch! Schlafen Sie nicht ein, Kanonier! Knie beugt und beugt und beugt und beugt! Meldung machen, Sie Schlafmütze, Sie Tränentier! Wie stehen Sie denn da? Sie sind hier nicht in Ihrer Küche, und gehen auch nicht auf den Strich, Sie Saftsack! Und das soll eine saubere Stube sein? Wie sieht das denn hier aus? Das ist ja der reinste Schweinestall! Haufen von Staub hier oben auf dem Spind! Da wisch ich mal mit dem Finger drüber. Gucken Sie sich das an, wenn ich jetzt puste! Na, sehen Sie mich noch hinter der Dreckwolke?!«

Am 1. September 1939 hatte der Angriff auf Polen begonnen, es hagelte Siegesmeldungen ohne Ende. Im Vergleich dazu war der Triumph Francos in Spanien, bei dem die Wehrmacht geholfen hatte, viel weniger bejubelt worden. Nur spärlich vernahm man etwas von deutschen Verlusten beim Vormarsch gen Osten. Der Batteriechef, ein älterer Hauptmann, machte den angetretenen Soldaten nach einigen markigen Worten über die großartigen Siege der Wehrmacht mit einer seltsamen Formulierung klar: »Machen wir uns nichts vor, Männer, manche von uns werden sterben müssen, damit Deutschland leben kann. Damit Sie es auch für unser Vaterland können, werden Sie hier bestens ausgebildet. Der Drill am Geschütz und die Härte der Übungen dient Deutschland, unserer Heimat, aber auch unserem eigenen Schutz. Die Feinde, die wir mit dem Feuer unserer Haubitzen vernichten, können uns nicht mehr angreifen.«

Am 6. Oktober 1939 erfolgte die Kapitulation Polens, was beim Antreten der Batterie am Morgen vom Batteriechef mit triumphal gehobener Stimme als großartige Leistung »unserer Kameraden« verkündet wurde. Mit »Wer wollte es wagen, unsere Armee nach solch einem Blitzsieg noch herauszufordern, Männer?«, beschloss er seine Ansprache. Doch bereits Mitte Oktober liefen Gerüchte durch die Mannschaft der Batterie, dass die Westmächte sich wohl nicht mit dem vereinnahmenden Sieg über Polen abfinden würden.

An einem Wintersonntag 1939, als Heinrich über das Wochenende Urlaub bekommen hatte, fuhr er mit der Straßenbahn in die Innenstadt und genoss nach einer knappen Begrüßung seiner Eltern die Ruhe seiner Kammer. Hier las er noch ein wenig und schlief sich dann richtig aus, blieb bis kurz vor dem Mittagessen liegen, das er mit den Eltern einnahm. Nur wenig erzählte er ihnen von seinem Dienstalltag, sie versicherten ihm wortreich, dass sie ganz gut zurechtkämen. Nachmittags ging er zum Maschsee, dachte mal wieder mit Wehmut an die schrägen Jugendlichen, zu denen er nun gern gehört hätte. Um zu anderen Grünanlagen oder dem fast fertiggestellten Hermann-Löns-Park zu gehen, war er zu müde. Sie reizten ihn jetzt im Winter nicht mehr, zudem musste er am Abend vor dem Zapfenstreich wieder in der Kaserne sein. Vorher erfuhr er von seiner Mutter beim Kaffeetrinken, dass Doktor Paul Liepmann, erst 63 Jahre alt, im März gestorben und auf dem Ricklinger Friedhof beerdigt worden war.

Viele Patienten seien nicht mehr in seine Praxis gekommen, und manch Lindener, den er mit auf die Welt gezogen hätte, habe die Straßenseite gewechselt, wenn er ihm entgegenkam. Hitlerjugendliche hätten ein Plakat geklebt: »Meidet jüdische Ärzte« und zeitweise Posten vor dem Haus mit seiner Arztpraxis bezogen, sogar manchmal den Patienten den Zugang verstellen wollen. Aber es gab aus der Sicht seiner Mutter auch Erfreuliches: »Fleischermeister Karl, dem sein Mieter einst geholfen hatte, seine Zwillingsöhne zur Welt zu bringen, ist einem SA-Mann entgegengetreten, der sogar das Praxisschild abmontieren wollte, und hat den unter der Androhung von Schlägen davongejagt.« Heinrich fand es traurig, den vertrauten Arzt nicht mehr aufsuchen zu können, aber der Mut des Schlachtermeisters machte ihm gute Laune. »Da siehst du mal, dass Fleischesser gute Männer sein können«, sagte er ihr etwas rechthaberisch. Seine Mutter schüttelte lächelnd den Kopf, nahm einen tiefen Schluck aus der Tasse, änderte danach ihre Miene und sah ihn ernst an.

»Wenn du volljährig bist, erzähle ich dir, wie schon gesagt, alles von deinem Vater, eher geht das nicht. Du musst dir dann für die Zeit nach deinem Wehrdienst keine Geldsorgen mehr machen. Mehr darf ich dir jetzt nicht verraten, aber das sind gute Nachrichten für dich, mein lieber Heinrich.« Den letzten Satz hatte sie ihm mit so einem glücklichen Gesichtsausdruck mitgeteilt, wie er ihn lange nicht mehr an ihr gesehen hatte. Weiter nachfragen wollte er nicht, da er wusste, wie konsequent seine Mutter Geheimnisse bewahren konnte.

Sie hatte erfahren, dass die Ehefrau des Everloher Bauern im Herbst gestorben und er mit ihr kinderlos geblieben war. Heinrich würde als sein Kind einmal ein großes Erbe des wohlhabenden Landwirts erhalten, falls der ihn in seinem Testament als leiblichen Sohn erwähnte und angemessen berücksichtigte. Wenn ihr Sohn das einundzwanzigste Lebensjahr vollendet haben würde, wollte sie ihren ehemaligen Liebhaber aufsuchen und mit ihm über sein Testament sprechen. Das hatte sie sich für den April 1940 vorgenommen.

Anfang Dezember 1939 befahl der Hauptmann seiner Batterie einen sogenannten Bunten Abend noch vor Weihnachten, um die Kameradschaft zu festigen und die Moral derjenigen Soldaten zu stärken, die im Unterschied zu wenigen Offizieren und Unteroffizieren über keinerlei Fronterfahrung aus dem Weltkrieg verfügten. Jeder der jungen Soldaten, der irgendetwas zur allgemeinen Unterhaltung an diesem Abend beitragen wollte, meldete sich beim Spieß, dem Batteriefeldwebel, der eine Liste führen ließ, auf der Inhalt und Dauer des Vortrags festgehalten wurden. Als Heinrich ihm sagte, dass er Lustiges aus dem

Soldatenleben auswendig vortragen wolle, nickte der Spieß nur und sagte: »Ausgezeichnet, Börner, das wird den Batteriechef besonders freuen. Unser Hauptmann ist im Zivilberuf Deutschlehrer gewesen.«

Heinrich hatte sich an die Schlachtfeste bei den Bauern erinnert, dachte an das Töten, das Zerlegen in Einzelteile, den Geruch und insbesondere an die gute Laune der Akteure dabei. Er hatte einen Einfall, was er aus seinem Lieblingsbuch auswendig lernen und vortragen würde. Der Batteriefeldwebel notierte die Anmeldung des Kanoniers Börner: Lustiges aus dem Soldatenleben, zehn Minuten.

Der Bunte Abend kam, mit ihm reichlich Flaschenbier und ein abwechslungsreiches Programm, das in der Turnhalle aufgeführt wurde. Ein kleiner Chor samt Solobariton hatte sich formiert, der nach heiteren Soldatenliedern »Ich bete an die Macht der Liebe« vortrug. Ein Gefreiter konnte mit Bierflaschen jonglieren, einer zeigte Übungen aus dem Bodenturnen und einer führte Zaubertricks vor. Dann trat Heinrich vor die etwa hundert Anwesenden und kündigte »Lustiges aus dem Soldatenleben« an, das er aus dem Kopf zum Besten geben wolle. »So wie es früher einmal war, im Weltkrieg«, schickte er noch voran. Er blieb steif stehen und trug laut, aber mit fast monotoner Stimme aus dem »Schwejk« vor, ohne das Buch in der Hand zu halten.

»Und die Soldaten werden nackt begraben«, sagte ein anderer Soldat, »und ihre Montur zieht man wieder einem anderen lebenden an, und so gehts fort.«

»Solang wirs nicht gewinnen«, bemerkte Schwejk.

»So ein Pfeifendeckel will was gewinnen«, ließ sich aus der Ecke ein Korporal vernehmen. »An die Front mit euch, in die Schützengräben, und vorwärts über die

> Drahtverhaue, Minen und Feuerwerfer. Sich im Hinterland Herumwälzen, das trifft jeder, und keiner hat Lust zu falln.«
> »Ich glaube auch, daß es sehr schön is, sich von einem Bajonett durchbohren zu lassen«, sagte Schwejk, »und es is auch nicht schlecht, eine Kugel in den Bauch zu kriegen, ...«

Heinrich machte eine kleine Pause, es wurde gemurmelt, zögernd gelacht. Heinrich hob bedeutsam den rechten Zeigefinger und fuhr lauter fort:

> »... und noch besser is, wenn einen eine Granate zerreißt und man sieht, daß die eigenen Beine samtn Bauch etwas weit von einem entfernt sind. Es wird einem so komisch zumut, daß man früher darüber stirbt, bevors einem jemand erklären kann.«

Einige Soldaten lachten, der Batteriechef rührte sich nicht. Bloß der Spieß, dessen linker Mundwinkel zuckte, wusste offensichtlich nicht, wie er sich verhalten sollte und schaute zum wie eingefrorenen Gesicht seines Hauptmanns, der schon nach wenigen Minuten von einigen Unteroffizieren und Gefreiten ebenfalls fragend angeschaut wurde. Kanonier Börner sprach unbeirrt weiter, bis er zu der Romanstelle kam:

> Ein Soldat, Lehrer von Beruf, bemerkte, als läse er Gedanken: »Manche Soldaten erklären den Krieg als eine Folgeerscheinung der Sonnenflecke. Sobald so ein Fleck entsteht, kommt immer etwas Fürchterliches. Die Eroberung Karthagos ...

Jetzt erhob sich der Chef und unterbrach ihn: »Börner, sind Sie wahnsinnig geworden? Was unterstehen Sie sich? Halten Sie sofort den Mund und nehmen Sie Grundstellung ein, Kanonier Börner! Sie melden sich morgen sofort nach Dienstbeginn bei mir und händigen heute Nacht noch dem Unteroffizier vom Dienst ihre Schwarte aus.«

Der Hauptmann hörte nicht auf zu wettern. Er entlud seine Wut auf das Defätistentum, wie er es nannte. Verrat am Soldatischen, wenn nicht sogar Wehrkraftzersetzung, sei das. Der widerwärtige Roman sei gewiss schon 1933 von studierten Volksgenossen in Hannover verbrannt worden, sei nichts als Schmutz und Schund. Zu lachen gebe es da gar nichts, das sei dumm und gefährlich. Er hoffe, dass die Kameraden des Kanoniers Börner ihre soldatische Ehre nicht von ihm in den Dreck zerren ließen. Viel mehr sagte der Hauptmann nicht mehr, außer, dass durch diese Schweinerei der Bunte Abend sofort beendet sei. Er befahl den Soldaten, noch die Sporthalle aufzuräumen und danach unverzüglich die Stuben aufzusuchen, wo sich die Kameraden ja später bei dem Börner bedanken könnten. Der Batteriechef zitierte Heinrich zu sich, ließ ihn stramm stehen und bellte: »Morgen früh um acht Meldung im Geschäftszimmer der Batterie zum Empfang einer Disziplinarstrafe. Und jetzt raus mit Ihnen!«

Hermanns Zugführer, ein altgedienter Feldwebel, nahm vier Stubenälteste zur Seite, nachdem die Spuren der abgebrochenen Veranstaltung beseitigt waren. »Ihr wisst hoffentlich, was zu tun ist heute Nacht. Der Heilige Geist soll sich den Börner ordentlich vornehmen.«

Um Mitternacht kam dieser sogenannte Heilige Geist. Heinrich wurde aus seinem Etagenbett gerissen, auf den dunklen Flur gezerrt, seines Schlafanzugs beraubt. Ihm wurden die Augen verbunden, das Flurlicht wurde eingeschaltet. Dann peitschten seine Kameraden seinen nackten Leib mit Schnüren aus dem Sportunterricht. Sein Gesicht und seine Hände wurden nicht malträtiert, denn alles, was nicht von der Uniform verdeckt wurde, musste unversehrt aussehen. Während er wiederholt aufgefordert wurde, auf den Knien um Gnade zu flehen, wurde sein Hintern mit Schuhcreme eingeschmiert. Er solle um Gnade bitten, forderten ihn die Schläger erneut auf, er habe übel die Kameradschaft verletzt. Heinrich sagte aber nichts dergleichen, sondern wiederholte unter Tränen, er habe doch nur allen eine Freude machen wollen.

Seine Quälgeister stellten nach einigen Minuten ihre Prügel ein, weil Heinrich nicht entsprechend reagierte und damit er am kommenden Morgen wegen seiner Disziplinarstrafe scheinbar unverletzt vor dem Hauptmann, seinem Batteriechef, antreten konnte. Bevor sie dem Zitternden erlaubten, sich wieder anzuziehen, warnten sie ihn, den Prügelüberfall zu melden. Man könne das jederzeit wiederholen.

Am nächsten Morgen stand der geschundene Heinrich im Dienstanzug vor seinem Hauptmann. Der brüllte gar nicht mehr, sondern redete halblaut wie einst der Lehrer mit dem Rohrstock in der Hinterhand auf ihn ein: »Solchen Schmutz über die Soldaten und ihre Offiziere auszuschütten, dazu noch von diesem tschechischen Kommunistenschwein Hašek, auch noch übersetzt von einer Jüdin, unglaublich. Ihren Schundroman habe ich mir mit spitzen Fingen angesehen, um mich nicht zu besudeln. Solche Bücher haben im Deutschen Reich nichts zu suchen und schon gar nicht in der Wehrmacht. So etwas gehört ins Feuer oder in den Abort. Wirkliche Literatur kann nur auf den Fundamenten von deutschem Blut und Boden ruhen, merken Sie sich das!« Er legte eine Pause ein und hob seine Stimme: »Aber mit solchen Gestalten wie diesem bolschewistischen Dreckschwein wird noch aufgeräumt werden, die Rückführung von Böhmen und Mähren zum Deutschen Reich war erst der Anfang.« Der Kanonier Heinrich Börner stand in Grundstellung wie erstarrt vor seinem Batteriechef und verstand nicht, worüber der sich erregte. Ihm wurde der Weihnachtsurlaub gestrichen, der Roman wurde beschlagnahmt, »Kommt in den Kanonenofen, die Schwarte. In den nächsten Wochen werden Sie jede Menge Nachtwachen neben dem täglichen Dienst machen, auf jeden Fall über Weihnachten hinaus, damit Sie, Kanonier Börner, mal so richtig erfahren, wie lustig das Soldatenleben ist.«

Frühes Aufstehen nach nur wenigen Stunden Schlaf, unterbrochen durch die Wachstunden, und körperliche Anstrengungen machten ihn müder, aber zermürbten ihn nicht. Doch Drill, Stillstehen und von den Ausbildern bei »Preußens Gloria« angebrüllt zu werden, ohne sich irgendwie wehren zu können, das wurde ihm nicht gleichgültig. Selbst wenn er wenig redete, stockte er nun oft. Er war sich nicht mehr ganz sicher, einen Satz zu Ende gebracht zu haben. War das so, fügte er sein letztes Wort dem gerade Gesprochenen hinzu, wollte manchmal, ganz gegen seine frühere Gewohnheit, gleich etwas daran hinzusetzten, aber hielt mit verkniffenem Mund inne und schüttelte den Kopf über sich.

Statt innerer oder gemurmelter Selbstgespräche wie früher, wenn er allein auf Wachtposten war, flötete, trillerte, muhte, krähte oder grunzte er eine Weile, bis er lachen musste, dann fühlte er sich wieder etwas wohler. Wenn er zu tierischen Lauten keine Lust hatte, fügte er nach Lust und Laune Mit- und Selbstlaute aneinander, dehnte sie oder ratterte sie herunter, streckte zu langen Ääs die Zunge heraus, bleckte für Gee die Zähne, rundete die Lippen für ein röhrendes Öö. Er hackte tttt, brummte mmm, rollte rrr mit schlagender Zunge, fügte schließlich seine besonderen Selbst- und Mitlaute derart zusammen, als würde er Verse und Strophen dichten.

Desertion

Einer von Heinrichs Stubenkameraden war plötzlich verschwunden. Er hatte sich nachts während der Wache beim Rundgang innen am Kasernenzaun abgesondert und mit seinem Gewehr erschossen. Zwei Tage später hielt der Hauptmann beim Morgenappell eine seiner kurzen Ansprachen, die darauf hinauslief, dass Feiglinge in seiner Batterie nicht geduldet würden. »Wer sich – wie auch immer – dem Kampf für Führer, Volk und Vaterland entzieht, ist ein Hundsfott und hat sein Leben verwirkt. Wenn irgendjemand von euch bemerken sollte, dass einer den Wehrwillen schwächt, verweichlichende Parolen ausgibt oder gegen unsere nationalsozialistische Führung hetzt, so muss dieser Soldat einem Vorgesetzten unverzüglich gemeldet werden. Wir haben nur deshalb Polen blitzartig niederwerfen können, weil für jede Art von Defätismus in unserer deutschen Wehrmacht kein Platz ist.«

Heinrich hatte das, wie alle anderen, die in Linie angetreten waren, im Stillgestanden über sich ergehen lassen. Gleichzeitig formten seine Lippen stumm die Hauptwörter schon vor, die vermutlich gleich den Mund des Batteriechefs verlassen würden. Es war ein Spiel der Vorwegnahme für ihn, und meistens folgten seinen lautlosen Formungen tatsächlich die markigen Wörter des Hauptmanns.

Die Welt, in der Heinrich anfangs nützlich sein wollte, hatte einen ungeheuren Riss bekommen. Er spürte so eine Leere, zugleich den Drang, sie auszufüllen. Doch womit? Wenn es so weiterginge, würde er irre werden, komplett verrückt, vermutlich sogar seine Kameraden und Vorgesetzten attackieren, fürchtete er.

Nach einem Tag anstrengenden Dienstes bei eisiger Kälte lag Heinrich als Wachtposten hinter seinem nach vorn ausgerichteten Karabiner allein im selbst gegrabenen Einmannloch. Es war eine Nachtübung angesetzt worden, bei der hinter ihm Soldaten seiner Batterie zwei Haubitzen in Stellung brachten. Ihm war klar, der Hauptmann hatte ihn auf dem Kieker seit jenem gescheiterten Bunten Abend, dem nachts prügelnd der Heilige Geist gefolgt war. Der Batteriechef würde sich bei einem Kontrollgang so leise wie möglich an das Einmannloch heranpirschen, um ihn, diesen begeisterungslosen Kanonier Börner, vielleicht bei einem Wachvergehen zu ertappen, falls er döste, eine falsche Meldung machte oder sein Gewehr verdreckt war.

Inzwischen war Heinrich bewusst geworden, dass er bestimmt bald an die Front musste, dass der Krieg nicht in Polen haltmachte. Und vor ihm schon gar nicht. Seine Geschützgranaten würden dann andere zerfetzen, so lange, bis er selbst wahrscheinlich irgendwo krepierte. Friedlicher Arbeit würde er in absehbarer Zeit nicht mehr nachgehen können. Bevor sie richtig in Gang kam, musste er raus aus der Kriegsmaschinerie. Jetzt! Erst einmal weg von hier, dann weitersehen.

Er stand auf, ließ sein Gewehr liegen, legte Gasmaskenbehälter, Patronentasche und Stahlhelm ab, setzte die Feldmütze auf, kroch aus dem Loch, versteckte sich kurz in einem nahen Gebüsch, um von dort aus ein paar Minuten lang die Lage um ihn herum zu sondieren. Es war keiner in der Nähe, nur weit hinter ihm konnte er das Rumoren der anderen Artilleristen an den Haubitzen hören. Er wollte erst einmal zum Bauern in Isernhagen, der ihm Unterschlupf gewähren sollte. Heinrich rannte schnell einige hundert Meter durch die wolkenlose Mondnacht in nordöstliche Richtung zu dem Hof, wo er vor Jahren erstmals gemolken hatte. Den Plan für seinen Fluchtweg hatte er im Kopf, weil er sich damals die Landkarte mehrmals genau angesehen hatte. Auf keinen Fall durfte er sich jetzt in Hannover zeigen, insbesondere nicht in der Gegend um die Dammstraße, da würden die Feldgendarmen und die Polizisten zuerst nach ihm suchen.

Keuchend verharrte er an einem baumgeschützten Feldrand, bis er wieder zu Atem kam. Nun weiter mit schnellem Schritt nach Isernhagen, durch Wald und Brachlandschaft des Truppenübungsgeländes, dann über hartgefrorene Äcker die klirrend kalte Landschaft zügig durcheilen, um sich warm zu halten, und auch den schmalen, zugefrorenen Wasserlauf der Wietze tastend überqueren.

Während er sich angespannt und höchst aufmerksam durch die Nacht bewegte, dachte er zugleich an die hellen, warmen Sommerferien zu der Zeit, als er noch mit seiner Mutter in Alt-Warmbüchen gewohnt hatte. Er war gerade dreizehn gewesen, hatte beim Mähen des Heus kurz zugesehen, dann begeistert geholfen, es in Haufen zusammenzuharken, es aufzuladen; schließlich hatte er oben auf dem Leiterwagen gesessen und seiner Mutter glücklich zugewunken. Im Stall war der Dreizehnjährige erstmals zu den mächtigen Kühen gegangen, hatte die warmen und strengen Ausdünstungen der Tiere, der Fladen, des Futters gerochen und gesehen, wie die Milch in den verzinkten Eimer strullte, wenn der Sohn des Bauern unter einer Kuh an deren prallem Euter hantierte. Daher also kam diese weiße, köstliche Flüssigkeit, hatte er gestaunt. Heinrich hatte sich das freudig erregt genau angesehen. Vorbei.

In der restlichen Nacht wollte er in der Scheune des Bauern schlafen, so wie von langer Zeit einmal Franz, der ihm gleich vertrauende Vagabund, der Kunde. Nach über einer Stunde strammen Gehens und Laufens stand sie wieder vor ihm, ihre weißen Flächen zwischen dem Gefach hoben sich deutlich von dem dunklen Gebälk und dem Tor ab. Fast zärtlich betrachtete er die kleine Scheune in Isernhagen, die ihm für einen Moment wie eine übergroße schwarz-bunte Kuh erschien. Sie war ihm vertraut, in ihr konnte er sich gewiss gleich geborgen ins Heu legen, bevor er weitersehen würde. Er ging zum Haupthaus hinüber, klopfte, es war kurz nach zehn, an die Fensterladen des Schlafzimmers. Sagte halblaut, aber überdeutlich: »Hier ist Heinrich. Lass mich rein. Bitte.« Es dauerte einige Zeit, bis der Hausherr zur Tür geschlurft kam. Vorsichtig machte er die Tür einen Spalt weit auf und beleuchtete mit einer Laterne in der Hand das Gesicht des nächtlichen Gasts. Trotz seiner Uniform erkannte er Heinrich sofort und öffnete die Haustür ganz. Heinrich erklärte ihm kurz, er sei von der Artilleriekaserne im Norden Hannovers geflohen und bat um ein Lager in der Scheune. »Gut, für eine Nacht kannst du in die Scheune. Dich darf aber sonst keiner sehen. Du musst in der Frühe verschwinden.« Heinrich sagte nur: »Danke«, erhielt den großen Schlüssel für den Seiteneingang zur Scheune und suchte schleunigst seinen Schlafplatz auf.

Unterdessen ging der Bauer nachdenklich zurück ins Schlafzimmer und berichtete seiner Frau von dem heiklen Besucher. Erschrocken führte sie ihre Hand zum Mund und schüttelte den Kopf. Eindringlich beschwor sie ihn: »Das geht nicht, es hilft nichts, du musst ihn anzeigen, und zwar schnell. Wenn ich das tue, wird dir das schaden, weil du der Mann bist. Von dir erwartet man das. Wenn nicht, wirst du vielleicht für seinen Komplizen oder für einen Feigling gehalten. Dass du mal bei Wahlen für die

Liberalen geworben hast, wissen die sowieso. Da kannst du wieder was gutmachen bei der Partei. Du bist der Mann, du bist der Bauer, du musst für die Einhaltung der Vorschriften geradestehen. Nimm dein Rad und fahr zur Kaserne. Wenn die ihn gleich wieder einkassieren, passiert Heinrich vielleicht nichts Schlimmes. Und wer weiß, was der sonst noch getan hat.« Der Hofhund bellte, als der Bauer mit dem Fahrrad sein Gehöft verließ. Nächtliches Bellen kannte Heinrich von seinen bisherigen Höfen, er drehte sich auf die Seite und schlief wieder ein.

Der Bauer hatte sich unterwegs eine Geschichte zurechtgelegt, die er dann dem Wachhabenden am Tor der Artilleriekaserne präsentierte: Den offenbar Fahnenflüchtigen habe er in die Scheune gelassen, damit der sich in Sicherheit wiege. Der schlafe jetzt und werde so leicht zu fassen sein.

Als nachts ein Auto mit abgedunkelten Scheinwerfern vorfuhr und der Hund wieder bellte, schlief der Erschöpfte weiter. Heinrich wurde, noch im Bett liegend, festgenommen, musste sich bei vorgehaltenen Schusswaffen anziehen. Ein Feldwebel mit Pistole und zwei Soldaten mit entsicherten Karabinern führten ihn nach draußen. Mit einem Wehrmachts-PKW aus der Lindener Hanomag, so ein Fahrzeug kannte er, wurde er zur Wachstube der Artilleriekaserne in Hannover gebracht, wo man ihm seinen Gürtel und die Stiefel abnahm, bevor man ihn in die Arrestzelle steckte.

Nacht

Wie in allen derartigen Zwangsgehäusen müffelt es auch in seiner Zelle des Wehrmachtsuntersuchungsgefängnisses in Hannover, Waterlooplatz 16, nach Staub, Schimmel, Schweiß, Urin, Essensresten. Auch so etwas wie einen eisigen Hauch von Angst vermeint Heinrich zu riechen. Auf und in der gekalkten Wand sind Krakeleien, Umrisse, Spuren von Zahlen, Kreuzen und Namen. Mit seinen Zeigefingernägeln ritzt er seinen kompletten Geburtsnamen ein: Heinrich Friedrich Wilhelm Engelhardt.

Nur eine Bibel hat man ihm als Lesestoff gelassen. Dieses berühmte Buch kennt er noch nicht. Es ist ein dicker, abgegriffener Band mit einem eingeprägten Kreuz auf dem Buchdeckel. Es widerstrebt ihm zunächst, in dieses christliche Werk hineinzuschauen, doch schon am ersten Abend in seinem Kerker überwindet er sich. Es liest sich ungeachtet vieler seltsamer Sätze zügiger, als er anfangs gedacht hat, einige Stellen wie die mit der Schlange oder dem verlorenen Sohn bringen ihn sogar zum Lachen. Besonders die Kapitel mit den Abenteuergeschichten und den Zweiflern im Alten Testaments liest er mit großem Interesse. Dass Gott, der Herr, sich für alles und jedes rächt, was ihm zuwider ist, kommt Heinrich bekannt vor. Das hat er bei anderen Herren auch erlebt. Aber das andauernde Beschwören von Allmacht einerseits und behaupteter Liebe zu den Menschen andererseits langweilt ihn öfter. Im Neuen Testament fesselt ihn neben der Leidensgeschichte Jesu besonders die Offenbarung des Johannes, in der das

Weltende losbricht, Feuer vom Himmel fällt, das Jüngste Gericht ansteht. Er ist verblüfft, als er darin nach allen dort geschilderten Vernichtungen vom »Tausendjährigen Reich« liest, das danach kommen werde.

In diesem uralten Buch ist es also schon beschrieben worden, das »Tausendjährige Reich«. Gerade erst soll es mit dem »Dritten Reich« begonnen haben, wie es die Nationalsozialisten behaupten. Rechnerisch ist das seltsam und würde demnach noch eine Weile dauern. In der Bibel folgt das grausame Ende der Menschheitsgeschichte dem »Tausendjährigen Reich«, das ist ausführlich und in ihm oft rätselhaften Ausdrücken beschrieben.

Dass aber der einst hierzulande bekannte Landstreicher Gregor Gog samt einem – Heinrich allerdings unbekannten – Magog bereits in diesem alten Buch auftauchen, erstaunt ihn, weil er sich an das Gespräch als Dreizehnjähriger erinnert, als auf dem Hof in Isernhagen der Landstreicher Franz aufgetaucht war, der vom Kunden Gog gesprochen hatte. Gog und Magog ziehen in der Bibel als zeitweilige Heerführer gegen Gott, wobei er sie, wie erwartet, ein fürchterliches Ende nehmen lässt.

Das erinnert ihn an etwas Ähnliches schon im Alten Testament Gelesenes. Nach längerem Durchblättern findet er bei Hesekiel beide Namen für zwei Rebellierende wieder, aber in einer anderen Geschichte eingebettet.

Ob der Kunde oder Vagabund damals wirklich so hieß oder sich bloß nach der biblischen Figur genannt hatte? Und nach welcher? Nach der von Hesekiel oder der von Johannes? In beiden Fällen sind es Rebellen gegen Gott, der sie erwartungsgemäß auslöscht.

In der Offenbarung findet er auch die Sätze: »Dies ist der zweite Tod, der Feuersee. Und wenn jemand nicht geschrieben gefunden wurde in dem Buch des Lebens, so wurde er in den Feuersee geworfen.« Wer würde sein Leben aufschreiben?, sinniert Heinrich. Keiner. Aber ein Feuersee wartet auch nicht auf ihn. Kugeln würde er sich morgen einfangen nahe der Kugelfangtrift.

Vom »Tausendjährigen Reich« sprechen und schreiben nicht wenige, und dass die Haubitze, an der er ausgebildet worden ist, menschenzerfetzende Geschosse abfeuern kann, weiß er. Doch Grauenhafteres als das, was er kennt, gibt es bestimmt. Von Flammenwerfern, Gasgranaten und Flugzeugbomben haben Vorgesetzte und Kameraden erzählt. Aber Menschen stellen das industriell her, setzen es ein. Wer sonst? Wie gerade im siegreichen Polenfeldzug mit vielen Tausenden von Toten und übel Zugerichteten. So wird das bestimmt weitergehen. Aber ohne ihn.

Von dem Soldaten, der ihm gewöhnlich sein karges Frühstück in die Zelle bringt, erfährt Heinrich, dass es seit drei Tagen gegen Dänemark und Norwegen gehe. »Die Wehrmacht kommt zügig voran«, sagt der Berichtende stolz. Er, Heinrich, tue ihm fast leid, betont der Soldat. Warum bloß sei er einer unbesiegbaren Armee in den Rücken gefallen? Jetzt müsse er dafür mit dem Leben büßen, statt als Held von seiner Familie gefeiert zu werden. »Ich habe keine Familie«, entgegnet ihm Heinrich.

An diesem Freitagabend wird er um 18 Uhr aus der Zelle geholt und in das Geschäftszimmer des Militärgefängnisses geführt. Dort befinden sich der Gefängnisvorsteher, der evangelische Militärpfarrer und der Richter. Dem Kanonier Heinrich Börner wird knapp die Urteilsbestätigung verkündet. Morgen früh um acht Uhr soll er erschossen werden. Mit weichen Knien bejaht Heinrich die Frage nach dem Beistand durch einen Pfarrer.

Für das zuständige Militärgericht der 171. Division, dem das Artillerie-Ersatz-Regiment 19 Hannover unterstand, war der Fall klar gewesen: Der Kanonier Börner hatte nachts seinen Wachtposten unerlaubt verlassen, seinen Karabiner liegen gelassen und war zu einem Bauernhof nach Isernhagen gelaufen, um sich zu verstecken. Der Bauer hatte den Fahnenflüchtigen nach scheinbarer Beihilfe, um ihn in Sicherheit zu wiegen, gleich pflichtgemäß bei der Polizei gemeldet. Das war alles sehr einfach. Der Kanonier Börner war für das Gericht somit der Typus eines asozialen Feiglings, der sich leider erst in Uniform als Wehrmachtsschädling, ja Volksschädling entpuppt hatte.

Die Beurteilung des Batteriechefs, bei der Verhandlung verlesen, bestärkte das. Kanonier Börner sei kürzlich wegen Verunglimpfung des Offizierscorps aufgefallen und disziplinarisch bestraft worden, hatte der Batteriechef auf eine dienstliche Anfrage hin dem Wehrmachtsgericht gemeldet. Kanonier Börner habe überdies zersetzendes Schrifttum verbreitet, sei zur echten Kameradschaft nicht fähig, auch nicht sonderlich beliebt bei Kameraden und Vorgesetzten gewesen. Selbst während der Kameradschaftsabende sei er verschlossen geblieben. Seinen Dienst habe er zwar pflichtgemäß getan, aber: »Er vernachlässigte seine soldatische Erscheinung, wo es nur irgend ging, verfiel leicht in den Zivilton. Musste immer straff angefasst werden. Zeigte keinerlei Begeisterung.« Unter dem Deckmantel seiner Anstelligkeit und Pflichterfüllung bei der Waffenausbildung habe er seine volksfeindliche Gesinnung verborgen. Insgesamt sei der Kanonier Börner ein zutiefst haltloser Charakter, wohl auch wegen der fehlenden männlichen Zucht durch einen leiblichen Vater.

Damit sah das Militärgericht die Verhängung der Todesstrafe als unabdingbar an, um den Kanonier Börner aus der Volksgemeinschaft zu entfernen und anderen Wehrmachtsangehörigen zu zeigen, dass solche Elemente wie er rücksichtslos ausgemerzt werden. Nach kurzer Verhandlung wurde Heinrich Börner vom Militärgericht verurteilt. Sein Urteil lautete auf »Erschießen!«

»Ein Soldat kann sterben, ein Deserteur muss sterben!«, hatte ihm der Militärrichter noch auf dem Weg in die Zelle mitgegeben. Bis zur Vollstreckung des Urteils wurde er im Wehrmachtsuntersuchungsgefängnis Hannover am Waterlooplatz inhaftiert.

Kurz nachdem man ihn wieder in seine Zelle zurückgebracht hat, wird die Tür vom Wachhabenden aufgerissen. Mit zögerndem Schritt kommt der Pastor herein.

»Ich komme wegen des geistlichen Trostes.«

»Geht nicht«, sagt Heinrich kopfschüttelnd.

»Gott ist in der Nähe. Die Liebe Jesu zu den auf Erden Verlorenen gilt auch dir. Ich möchte dir die frohe Botschaft überbringen und dich stärken mit dem heiligen Abendmahl.«

»Ich bin zwar getauft, aber nicht konfirmiert. Weder habe ich den Leib des Herrn noch habe ich sein Blut zu mir genommen. Ich darf nicht zum Abendmahl, weil ich mit vierzehn nicht dabei war. Kein Abendmahl.«

Der Pastor erzählt von unausweichlicher menschlicher Schuld und der Erlösung durch Jesus Christus, der auch für ihn gestorben sei.

»Sterben müssen ist schlimm, aber jetzt zu leben ist für mich genauso schlimm.«

»Du versündigst dich, mein Sohn. Unser Leben ist von Gott geschenkt.«

»Ich bin nicht Ihr Sohn, und das Geschenk ist kaputt.«

»Du wirst morgen vor den Herrn treten, Heinrich Börner. Es ist ernst.«

»Das war es sowieso viel zu oft. Ich habe mein Leben nicht retten können, keiner schafft das auf Dauer. Erschossen werden kann ich an der Front auch. Aber ich erschieße niemanden. Und ein Krüppel werde ich auch nicht. Wenn ich tot bin, kann ich mich nicht mehr ärgern oder muss etwas bereuen.«

»Nein, aber du kannst das ewige Leben erreichen, nahe dem Herrn sein, vielleicht wartet das Paradies auf dich, wenn du im Glauben von dieser Welt scheidest.«

»Dort wartet schon wieder ein Herr? Hört das nie auf, Herr Pastor? Muss ich Sie sagen zum Herrn da oben, so wie es die Bauern von mir verlangt haben? Oder duze ich ihn? Bloß keinen neuen Herrn mehr. Der Bauer da draußen in Isernhagen ist auch so ein Herr gewesen, an den hab ich mal geglaubt. Und dann hat er mich verpfiffen. Das reicht mir.«

Der Wachhabende kommt herein und sagt unerwartet leise zu Heinrich: »Für deine letzte Mahlzeit kannst du dir was wünschen. Ob du es kriegst, werden wir sehen.« Heinrich bittet ihn um ein gut belegtes Schinkenbrot und eine Zigarre. Auch wolle er endlich einmal ein Glas Rotwein leeren, bisher habe er nur mal Bier und klaren Schnaps getrunken. Nach fast einer Stunde wird ihm das Gewünschte auf einem Brett neben den Wasserkrug in die Zelle gestellt. Während des Essens, Trinkens und Rauchens wolle er allein sein, sagt Heinrich dem Wachsoldaten. Danach möge der Pastor wieder in die Zelle kommen. Der Geistliche entfernt sich kopfschüttelnd. Nachdem Heinrich gegessen, getrunken und mit tränenden Augen geraucht hat, schreibt er einen Brief an seine Mutter:

Liebe Mutter, es tut mir leid. Ich tauge nicht zum Helden. Bleibe wohlauf und grüße deinen Gärtner Heinrich. Du warst immer gut zu mir.
Dein Sohn Heinrich

Der Pastor kommt wieder in die Zelle. Heinrich steht auf und gibt ihm den Brief für seine Mutter. Dann setzen sie sich beide, Heinrich auf die Pritsche, der Geistliche auf den Dreibeinhocker. Sie sehen sich eine Weile stumm an. »Unser Herr, der himmlische Vater, möge deiner Seele Frieden geben.«

Heinrich entfährt ein kurzes Lachen. »Ist es nun mein Vater oder doch bloß mein Herr? Den einen habe ich nicht gekannt, mit einem anderen will ich immer noch nichts zu tun haben. Von Jesus, dem Erlöser, habe ich bloß gelesen, doch als Heiligen Geist habe ich den schon zu spüren bekommen. Der hat mir vor Weihnachten ordentlich das Fell versohlt.«

Der Pastor schüttelt unwillig den Kopf, aber schweigt.

»Sie wissen auch nicht, wo mein Vater ist, wer mein Vater ist? Meine Mutter wollte es mir verraten, wenn ich volljährig bin. Nun bin ich es, aber erfahre nichts von ihr. Ich bin eingesperrt und morgen tot.«

»Aber ich weiß, wer dein himmlischer Vater ist, und ich weiß, dass er dich sieht. Und dass er dir Gnade und Erlösung gewähren kann.«

»Aber den kenne ich ja auch nicht. Der hat sich nie blicken lassen. Nie hat der sich blicken lassen! Ich kenne weder meinen Vater noch bekomme ich Gnade. Einen Vater, der mich in den Krieg schickt, brauche ich nicht. Was will Ihr Vater? Was gibt er? Nichts, nichts! Lassen Sie mich damit in Ruhe!«

Heinrich senkt die Stimme, sagt nach einer Pause, dass er furchtbar müde sei und bittet den Pfarrer, ihn noch ein paar Stunden allein zu lassen.

»Am Schluss sollte das Heilige Abendmahl stehen.«

»Nein. Mein Abendmahl habe ich gehabt. Es war gut, nur zu wenig.«

»Du wirst dir doch nichts antun?«

»Ich war schon einsamer. Verbittert bin ich nicht.«

Zu seiner Verblüffung umarmt ihn der Geistliche plötzlich, bevor er nach Herbeirufen der Wache den Raum verlässt. Heinrich legt sich auf die Pritsche und versucht einzuschlafen.

Nächte mit großen Erwartungen, nach Enttäuschungen und vor Veränderungen hatten Heinrich immer in brodelnde Unruhe versetzt, seinen ansonsten guten Schlaf zerrissen und ihn unruhig und kleinmütig aufwachen lassen. Dabei war es einerlei gewesen, ob er mit seiner Mutter umziehen, längerfristig einen Bauernhof aufsuchen musste oder ob morgen Heiligabend mit Geschenken war.

Halblaut zählt er es für sich auf, da er allein in seinem Gehäuse und es drum herum still ist, aber er innerlich nicht zur Ruhe kommt. Als Sechsjähriger in der Nacht vorm ersten Schulbesuch ging es ihm so, als sie später aus Linden wegzogen, als er von Stine abgewiesen wurde und insbesondere, bevor er aus Hannover nach Fallingbostel abreiste, um erstmals eine Stelle als anlernender Landarbeiter anzutreten. Er hatte sich davor natürlich sehr unterschiedlich gefühlt. Neugier, Bedrückung, Traurigkeit und Freude hatten ihn bewegt, aber die schlafraubende Aufregung war jedes Mal fast die gleiche gewesen. Richtig gefürchtet hatte er sich bloß dreimal: vor dem Disziplinarverfahren nach dem Heiligen Geist, bei der Desertion vor einigen Wochen und jetzt, nach Mitternacht, am

13. April 1940, zum bestimmt letzten Mal vor dem bald anbrechenden Samstagmorgen.

Heinrich erinnert sich an die Schlachtungen, stellt sich das gruselige Hochziehen als Toter vor und sagt sich, das werden die mit mir nicht machen, wenn sie mich erschossen haben. Mich ausweiden und verwursten. Nein. Egal. Ich merke dann nichts mehr. Der Gedanke, gänzlich in Ruhe gelassen zu werden, erleichtert ihn. Die wollen mich bloß noch loswerden. Und sei es als Exempel, wie sie sagen. Weg, weg!

Er bleibt ganz ruhig im Dunkeln auf seiner Pritsche liegen. Es ist nun gleichgültig. Er findet in sich keine Lebenssehnsucht mehr, da ihm alles als gänzlich verdorben und ohne Reiz erscheint. Nirgendwo ist Wunderland. Es ist leer in ihm. Er fürchtet sich nicht, spürt kein Verlangen. Er erscheint sich selbst nicht mehr als notwendig.

Nachwort des Autors

Am 6. Oktober 2014 setzte der Künstler Gunter Demnig einen Stolperstein für den fast vergessenen Heinrich Börner auf dem Bürgersteig der Straße Bohlendamm 4 – ehemals Dammstraße 17 – in das Pflaster ein. Nach einem Gespräch mit dem ehemaligen Leiter des Stadtarchivs Hannover, Dr. Karljosef Kreter, hatte ich diesen Stolperstein und seine Verlegung finanziert. Im Unterschied zu den am häufigsten mit einem Stolperstein in Erinnerung gebrachten Menschen gehörte der Hingerichtete keiner verfolgten Gruppe an wie insbesondere Juden, Sinti, Roma, Kommunisten, Sozialisten oder andere, die der NS-Herrschaft Widerstand leisteten oder von ihr beseitigt werden wollten. Heinrich Börner war weder durch Herkunft oder Engagement von der »Volksgemeinschaft« ausgeschlossen noch war er ein Widerstandskämpfer. Von ihm ist nichts Heroisches überliefert, außer dass er als Soldat offenbar sein Leben retten und keine anderen Menschen töten wollte. Daher wurde dieser Stolperstein öffentlich gegen das auslöschende Vergessen eines nicht in der Kriegsmaschinerie Funktionierenden gesetzt.

Im Roman entsprechen alle Datums- und Ortsangaben zu Heinrich Börner den Dokumenten des Stadtarchivs Hannover. Auch die Chronologie der Kapitel beziehungsweise Abschnitte hält sich an diese Abfolge. Der später Hingerichtete wurde als Arbeiter oder Melker und mit nur wenigen weiteren Eintragungen in den behördlichen Akten genannt.

Viele Sachverhalte und Zusammenhänge im Roman basieren auf meinen eigenen Erfahrungen und den Erzählungen von Älteren.

Über meinen Wohnort Hannover habe ich sowohl literarische als auch sprachgeschichtliche Texte veröffentlicht, denen die Lektüre von Quellen und einschlägigen Veröffentlichungen zur Stadtgeschichte zugrunde liegt. Was das Leben in der Landwirtschaft und als Soldat betrifft, so konnte ich beim Verfassen dieses biografischen Romans durchaus auch auf intensive eigene Erfahrungen zurückgreifen. Meine frühe Kindheit habe ich auf dem elterlichen kleinen Bauernhof verbracht, später habe ich als Zeitsoldat zwei Jahre bei der Bundeswehr als Artillerist gedient. Alles über diese Erfahrungen Hinausgehende ist von den im Anhang aufgeführten Quellen angeregt oder ihnen entnommen worden.

Quellen

Dokumente zu Heinrich Börner

Stadtarchiv Hannover

Bestand Einwohnermeldekartei (Angaben zu den Wohn- und Arbeitsorten sowie der Änderung seines Nachnamens)
Bestand Standesamt (Kriegssterbefallanzeige)
sogenannte »Heldenkartei« (Angaben zur Einheit und zum Dienstrang bei der Wehrmacht)

Fössefeld-Friedhof in Hannover

Grabstein für Heinrich Börner: Im kniehohem Gussbeton ist die Form eines Eisernen Kreuzes eingeprägt, darunter, ebenfalls vertieft: »H. Börner 1919–1940«.

Sonstige Quellen und zitierte Literatur

Albrecht-Thaer-Gesellschaft, Celle (Hrsg.): Die Landwirtschaft Niedersachsens 1914–1964. Landbuch, Hannover 1964.
Auffahrt, Sid/Saldern, Adelheid von (Hrsg.): Wochenend und schöner Schein. Freizeit und modernes Leben in den zwanziger Jahren. Elefanten Press, Berlin 1991.
Auffahrt, Sid/Saldern, Adelheid von (Hrsg): Altes und neues Wohnen. Linden und Hannover im frühen 20. Jahrhundert. Kallmeyer, Seelze (Velber) 1992.
Benne, Simon: Tanzen, bis der Blockwart kam. In: HAZ (Stadt-Anzeiger West) vom 25.02.2021.

Benz, Wolfgang: Vom freiwilligen Arbeitsdienst zur Arbeitsdienstpflicht. In: Vierteljahresheft für Zeitgeschichte. 16. Jg., 4. Heft. DVA, Stuttgart 1968, S. 317–346.

Bock, Ernst (Hrsg.): Alte Berufe Niedersachsens. Neudruck der Auflage Hannover 1926. Gerstenberg 1985, 2. Auflage.

Bomann, Wilhelm: Bäuerliches Hauswesen und Tagewerk im alten Niedersachsen. Nachdruck der 4. Auflage, Weimar 1941. Gerstenberg, Hildesheim 1983.

Bornemann, Andreas-Andrew: 2002–2020 – Postkarten-Archiv: https://www.postkarten-archiv.de/lindener-industrie-von-1900-1919.html.

Buchterkirchen, Ralf: »... und wenn sie mich an die Wand stellen«. Desertion, Wehrkraftzersetzung und »Kriegsverrat« von Soldaten in und aus Hannover 1933–1945. Arbeitskreis Regionalgeschichte e. V., Neustadt 2011.

Bultmann, Ingo/Neumann, Thomas/Schiecke, Jutta: Hannover zu Fuß. 18 Stadtteilrundgänge durch Geschichte und Gegenwart. VSA, Hamburg 1989.

Die Bibel in der Deutschen Übersetzung von D. Martin Luther. Weiss, Dreieich 1986.

Das Neue Testament und die Psalmen: »Dies ist der zweite Tod ...«. Elberfelder Übersetzung. Edition CSV, Hückeswagen 2009, 2. Auflage, S 532.

Dringenberg, Bodo: Rede zur Stolpersteinverlegung für Heinrich Börner durch Gunter Demnig am 06.10.2014 vor dem Haus Bohlendamm 4, ehemals Dammstraße 17.

Drücke, Bernd: »Wo der Bürger aufhört, da beginnt das Paradies!«. Die Vagabundenbewegung, die erste Straßenzeitung und der Anarchist Gregor Gog. In: beilage zur graswurzelrevolution nr. 452 oktober 2020.

Engelmann, Joachim: Das Buch der Artillerie 1939–1945. Dörfler, Eggolsheim 2004.

Fahneneid der Wehrmacht. In: Der farbige Ploetz. Ploetz, Freiburg/Würzburg 1986, S. 443.

Flex, Walter: Wildgänse rauschen durch die Nacht. In: Moßmann, Walter/Schleuning, Peter: Alte und neue politische Lieder. Rowohlt, Reinbek 1978, S. 343.

Geschichte der hannoverschen Stadtgesellschaft im Nationalsozialismus, von Verfolgung, Widerstand, Zuschauer- und Täterschaft (Dauerausstellung). In: ZeitZentrumZivilcourage, Theodor-Lessing-Platz 1a, 30159 Hannover.

Geschichte einer mutigen Subkultur. Tanzen, bis der Blockwart kam: Die Swingjugend in Hannover war eine Gegenbewegung zum Nationalsozialismus. In: Hannoversches Wochenblatt vom 13.03.2021, S. 11.

Hannover 1933. Eine Großstadt wird nationalsozialistisch. Historisches Museum am Hohen Ufer, Hannover 1981.

Hašek, Jaroslav: Die Abenteuer des braven Soldaten Schwejk während des Weltkrieges. Übersetzt von Grete Reiner. Illustriert von Josef Lada. Dietz, Berlin 1953, S. 155.

Hauptmeyer, Carl-Hans/Rund, Jürgen (Hrsg.): Quellen zur Dorf- und Landwirtschaftsgeschichte. Der Raum Hannover im Mittelalter und in der Neuzeit. Hannoversche Schriften zur Regional- und Lokalgeschichte Bd. 3. Verlag für Regionalgeschichte, Bielefeld 1992.

Heine, Matthias: Krass. 500 Jahre deutsche Jugendsprache. Dudenverlag, Berlin 2021.

Jünger, Ernst: Noch eh' der erste Hahnenschrei verklungen. In: Schwilk, Heimo: Ernst Jünger. Leben und Werk in Bildern und Texten. Klett-Cotta, Stuttgart 1988, S. 24.

Kreter, Karljosef: »Helden« und »Opfer«: Bildliche Vorstellung einer Kartei im Stadtarchiv Hannover. In: Hannoversche Geschichtsblätter Neue Folge (= HG N. F.), Bd. 59 (2005), S. 185–187.

Löns, Hermann: Der Wehrwolf. Eine Bauernchronik. Diederichs, Jena 1923.

Löns, Hermann: Auf der Straße. In: Der kleine Rosengarten. Volkslieder. Diederichs, Jena 1927, S. 46, 47.

Luther, Martin: Ein feste Burg ist unser Gott. In: Das Buch der Gedichte. Deutsche Lyrik von den Anfängen bis zur Gegenwart. Bertelsmann, Gütersloh 1963, S. 607.

Mlynek, Klaus: Die Lageberichte der Staatspolizeistelle und des Regierungspräsidenten in Hannover 1933-1936: Konsens und Opposition im nationalsozialistischen Alltag. In: HG N.F. Bd. 41 (1987), S. 273–300.

Mlynek, Klaus/Röhrbein, Waldemar R. (Hrsg.): Stadtlexikon Hannover. Schlütersche, Hannover 2009.

Reichsgesetzblatt Nr. 27, Teil I, Berlin, 26.03.1936, 3. Abschnitt: Musterung, S. 211–213.

»Reichskristallnacht« in Hannover. Historisches Museum am Hohen Ufer, Hannover 1978.

Ringelnatz, Joachim: Überall. In: 103 Gedichte von Joachim Ringelnatz. Rowohlt, Berlin 1934, S. 7.

Ringelnatz, Joachim: Liedchen. In: 103 Gedichte von Joachim Ringelnatz. Rowohlt, Berlin 1934, S. 7.

Sauermann, Dietmar (Hrsg.): Knechte und Mägde in Westfalen um 1900. Coppenrath, Münster 1979. 2. Auflage.

Schmid, Hans-Dieter (Hrsg.): Hannover – Am Rande der Stadt. Hannoversche Schriften zur Regional- und Lokalgeschichte Bd. 5. Verlag für Regionalgeschichte, Bielefeld 1992.

Stolperstein vor dem Bohlendamm 4 (= ehemalig Dammstraße 17), Hannover mit der Inschrift: HIER WOHNTE HEINRICH BÖRNER 1919 ERSCHOSSEN SCHIESSSTÄNDE VAHRENWALDER HEIDE 13.4.1940. Hergestellt und gesetzt von Gunter Demnig.

Trolp, Werner: Zwei Hinrichtungsbefehle aus Hannover und die Identifizierung der Gräber hingerichteter Soldaten, Deserteure und »Selbstmörder« auf dem Friedhof Fössefeld. In: HG N.F. Bd. 63 (2009), S. 147–168. [In einer tabellarischen Übersicht von Trolp, S. 160–161 unter der Spalte Sterbedatum steht für Heinrich Börner mit dem 09.04.1940 ein unzutreffender Eintrag!].

Uhland, Ludwig: Der gute Kamerad. In: Bode, Dietrich (Hrsg.): Deutsche Gedichte. Eine Anthologie, Philipp Reclam jun., Stuttgart, S. 159.
Valentin, Gerda: Ein Arzt in Linden (Artikel über die Liepmannstraße). In: HAZ (Stadt-Anzeiger West) vom 20.03.2014.
Weltliche Schule Fröbelstraße. Text und Redaktion: Elke Oberheide, Freizeitheim Linden. Hannover 1987.

Wikipedia

Altwarmbüchen:
https://bit.ly/3HujgAl, aufgerufen am 13.01.2023.
Lamspringe:
https://bit.ly/3HTGZvv, aufgerufen am 13.01.2023.
Hermann Löns:
https://bit.ly/3JwEHnf, aufgerufen am 13.01.2023.

Danksagung

Mein besonderer Dank gilt Dr. Karljosef Kreter für die Anregung, sich mit Heinrich Börner zu beschäftigen, und für die mir zugänglich gemachten Dokumente. Anneke Schepke, Rolf Cantzen und Klaus Fesche haben das Manuskript gelesen und mich mit Anmerkungen und Korrekturen unterstützt, Stefan Kleinschmidt hat mir mit einzelnen Informationen geholfen.

Über den Autor

Bodo Dringenberg studierte an der Universität Hannover, wo er nach dem Magister Artium, dem I. und II. Staatsexamen für das höhere Lehramt vier Jahre lang als Wissenschaftlicher Mitarbeiter im Bereich Sprachwissenschaft tätig war.

Er veröffentlichte sprachgeschichtliche Untersuchungen, Rundfunkfeatures, Einführungen zu Kunstausstellungen und diverse Prosaarbeiten. Er schrieb Kurzkrimis für mehrere Anthologien und historische Kriminalromane, die auf dem Wilhelmstein spielen, Letztere veröffentlicht im zu Klampen Verlag.

2017 erschien der Roman »Furie und Fortuna – Hannover im Dreißigjährigen Krieg«, den er gemeinsam mit Stefan Kleinschmidt schrieb, im Wehrhahn Verlag, Hannover. Die Biografie »Biere, Tiere, Anarchie. Jaroslav Hašek – mehr als Schwejk«, veröffentlicht vom Launenweber Verlag, Köln 2018, verfasste er mit Rolf Cantzen.

Bodo Dringenberg bei zu Klampen

Die Inseldirne vom Wilhelmstein

Erinnerungen der Ursula Stindt von 1769–1792.

Erzählung

Paperback, 10 x 15 cm, 92 Seiten
ISBN 978-3-86674-417-2

Gegen Ende des 18. Jahrhunderts lebte die junge Soldatenwitwe und Weberstochter Ursula Stindt unter ungewöhnlichen Umständen auf dem Wilhelmstein. Ihre Erinnerungen an jenen einzigartigen Inselaufenthalt legte sie vor etwa zweihundert Jahren schriftlich nieder und verfasste mit dieser ungeschminkten Aufzeichnung eine facettenreiche und beeindruckende biografische Erzählung. Sinnlich wie wohlüberlegt berichtete sie von einem Leben, das bisher nicht von der Geschichtsschreibung erwähnt wurde. So entlockt Bodo Dringenberg mit der »Inseldirne« dem Wilhelmstein ein weiteres Geheimnis ...

»Äußerst spannend und kurzweilig. (...) Das Verwirrspiel zwischen Fiktion und Realität gelingt Bodo Dringenberg hier ganz vortrefflich.« *Christoph Huppert, Radio Aktiv*

zuKlampen!

Mord auf dem Wilhelmstein

Ein historischer Kriminalroman

Hardcover, 12 x 19 cm, 175 Seiten
ISBN 978-3-86674-041-9

Wir schreiben das Jahr 1787. Der Landgraf von Hessen-Kassel hat das Schaumburger Land überfallen und unterworfen. Nur noch der alte und erfahrene Festungskommandant Major Rottmann bietet dem Landgrafen die Stirn und verteidigt mit seiner kleinen Besatzung eisern den Wilhelmstein. Bis die Angreifer aufgeben müssen. Fast drei Jahre, nachdem sich die Hessen zurückgezogen haben, wird die Leiche des tapferen Rottmann aus dem Steinhuder Meer gezogen. War es Mord? Was haben Neuankömmlinge und heimliche, nächtliche Eindringlinge auf der Festung mit seinem Tod zu tun?

»Eine Krimi-Perle.« *Neue Presse Hannover*

Die Gruft im Wilhelmstein

Historischer Kriminalroman

Hardcover, 12 x 19 cm, 256 Seiten
ISBN 978-3-86674-099-0

Zwischen 1774 und 1777 kommen Graf Wilhelm, seine junge Gemahlin und ihre kleine Tochter in Schaumburg-Lippe zu Tode. Hat ihr Tod wirklich natürliche Ursachen? Immerhin gibt es mächtige Interessen, Schaumburg-Lippe und den als unbezwingbar gebauten Wilhelmstein in die Hand zu bekommen. Soll das gräfliche Geschlecht ausgelöscht werden? Ein rohes Grab tief im Wilhelmstein bietet dafür einen grausigen Hinweis.